라영환 편저

최단기간 합격을 위한 내용 빠짐 없는 초압축 개념서

널 위한 마지막!

심폐소생

시간대비
효율성을
극대화시키는
교재!

2026 시험에
나올수 있는
내용만 수록한
초압축교재!

한국사
응급환자를 살리는
심폐소생강의
완벽호환교재!

Contents

Contents

01 선사시대의 생활

	구석기	신석기	청동기	철기
경제	사냥·채집·어로	농경·목축 시작 └ 탄화된 좁쌀	벼농사 시작 └ 탄화된 볍씨 / 반달돌칼 └ 청동제 농기구X → 잉여생산 → 계급 발생 → 부족 간 전쟁(목책·환호)	철제 농기구 → 철제 무기 → 국가 간 정복활동
유물	**뗀석기** - 주먹도끼 (연천 전곡리) └ 아슐리안형 주먹도끼 - 슴베찌르개	**간석기** - 농경용 간석기 - 갈돌·갈판 - 빗살무늬 토기 - 이른민무늬 토기 - 덧무늬 토기 cf) 덧띠 토기(철기)	**청동기** - 비파형 동검 └ 만주 ~ 한반도 - 거친무늬 거울 - 미송리식 토기 - 민무늬 토기 - 붉은 간토기 cf) 검은 간토기(철기)	**독자적 청동기** - 세형 동검 └ 한국식 동검 - 거푸집 - 잔무늬 거울 **중국과의 교류** - 화폐 └ 명도·반량·오수·왕망전 - 붓(창원 다호리) └ 한자 사용
사회	이동생활 (무리생활)	- 정착생활·부족사회 └ 가내수공업(가락바퀴·뼈바늘)	국가형성 (계급사회) └ 고인돌, 군장	연맹왕국 - 널무덤 - 독무덤
주거	동굴·바위그늘 막집	강가·바닷가 └ 패총·조개껍데기 가면 움집(원형) - 반지하	구릉지 움집(직사각형) - 지상가옥화(주춧돌)	
신앙	장례풍습 └ 흥수아이(청원 두루봉 동굴)	**원시신앙** - 애니미즘(자연) - 토테미즘(동·식물) - 샤머니즘(무당) - 영혼 숭배	울주 반구대 암각화 └ 사냥성공 기원(고래·거북·사슴)	

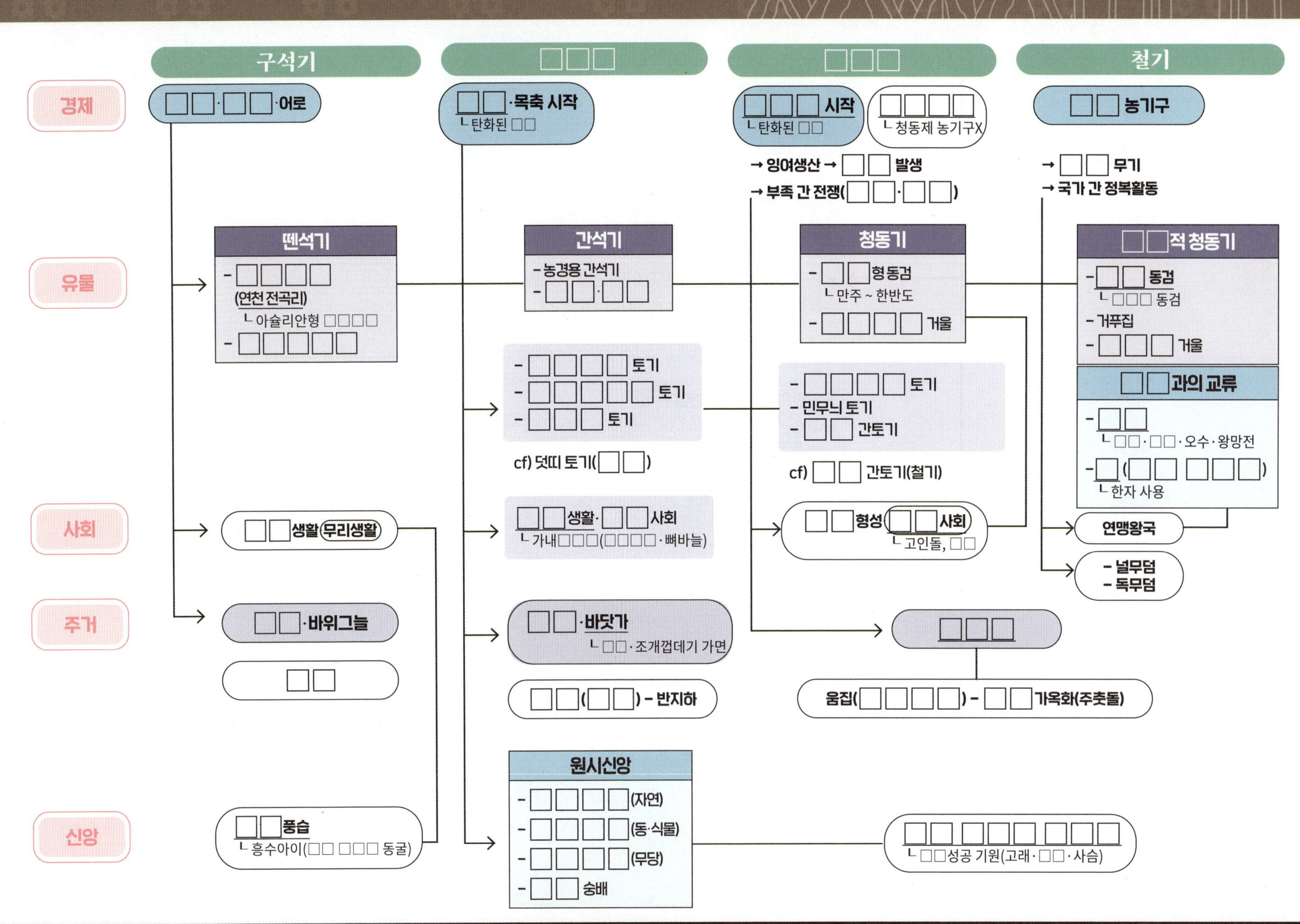
구석기
□□□
□□□
철기
경제
유물
사회
주거
신앙
□□·□□□·어로
□□·목축 시작
└ 탄화된 □□
□□□ 시작
└ 탄화된 □□
□□□□ 청동제 농기구X
□□ 농기구
→ 잉여생산 → □□ 발생
→ 부족 간 전쟁(□□·□□)
→ □□ 무기
→ 국가 간 정복활동
뗀석기
- □□□□
(연천 전곡리)
└ 아슐리안형 □□□□
- □□□□□
간석기
- 농경용 간석기
- □□·□□
청동기
- □□형 동검
└ 만주 ~ 한반도
- □□□□ 거울
□□적 청동기
- □□ 동검
└ □□□ 동검
- 거푸집
- □□□ 거울
- □□□□ 토기
- □□□□□ 토기
- □□□ 토기
cf) 덧띠 토기(□□)
- □□□□ 토기
- 민무늬 토기
- □□ 간토기
cf) □□ 간토기(철기)
□□과의 교류
- □□
└ □□·□□·오수·왕망전
- □ (□□ □□□)
└ 한자 사용
□□ 생활·□□ 사회
└ 가내□□□(□□□□·뼈바늘)
□□ 형성(□□ 사회)
└ 고인돌, □□
연맹왕국
- 널무덤
- 독무덤
□□ 생활 (무리생활)
□□·바위그늘
□□
□□·바닷가
└ □□·조개껍데기 가면
□□□
□□(□□) – 반지하
움집(□□□□□) – □□ 가옥화(주춧돌)
원시신앙
- □□□□(자연)
- □□□□(동·식물)
- □□□□(무당)
- □□ 숭배
□□ 풍습
└ 흥수아이(□□ □□□ 동굴)
□□□□□□□□
└ □□성공 기원(고래·□□·사슴)

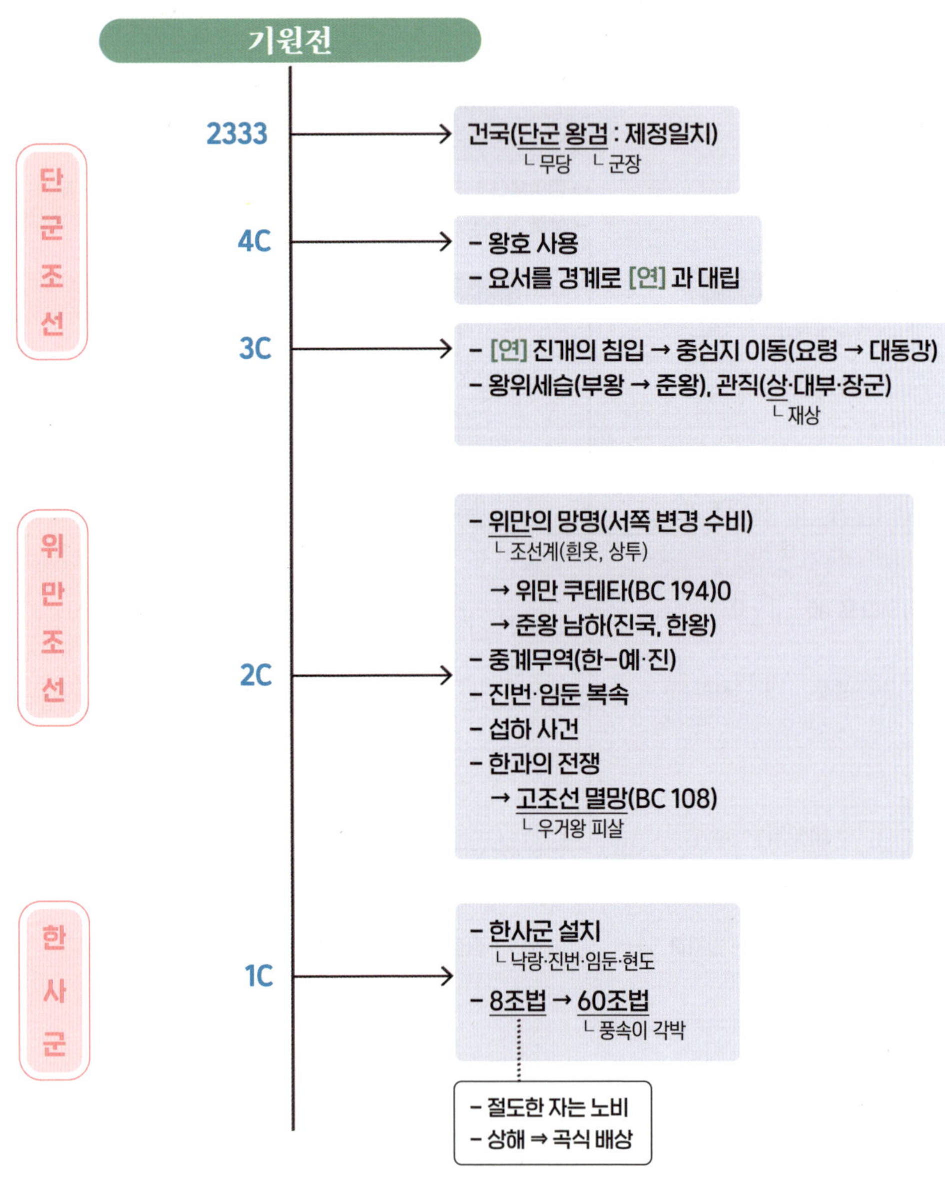
기원전

2333 → 건국(단군 왕검 : 제정일치)
　　　└ 무당 ─ 군장

4C → – 왕호 사용
　　 – 요서를 경계로 [연] 과 대립

3C → – [연] 진개의 침입 → 중심지 이동(요령 → 대동강)
　　 – 왕위세습(부왕 → 준왕), 관직(상·대부·장군)
　　　　　　　　　　　　　　　　　　└ 재상

– 위만의 망명(서쪽 변경 수비)
　└ 조선계(흰옷, 상투)
　→ 위만 쿠테타(BC 194)0
　→ 준왕 남하(진국, 한왕)
– 중계무역(한－예·진)
2C → – 진번·임둔 복속
– 섭하 사건
– 한과의 전쟁
　→ 고조선 멸망(BC 108)
　　└ 우거왕 피살

– 한사군 설치
　└ 낙랑·진번·임둔·현도
1C → – 8조법 → 60조법
　　　　　　└ 풍속이 각박

– 절도한 자는 노비
– 상해 ⇒ 곡식 배상

단군 조선
위만 조선
한사군

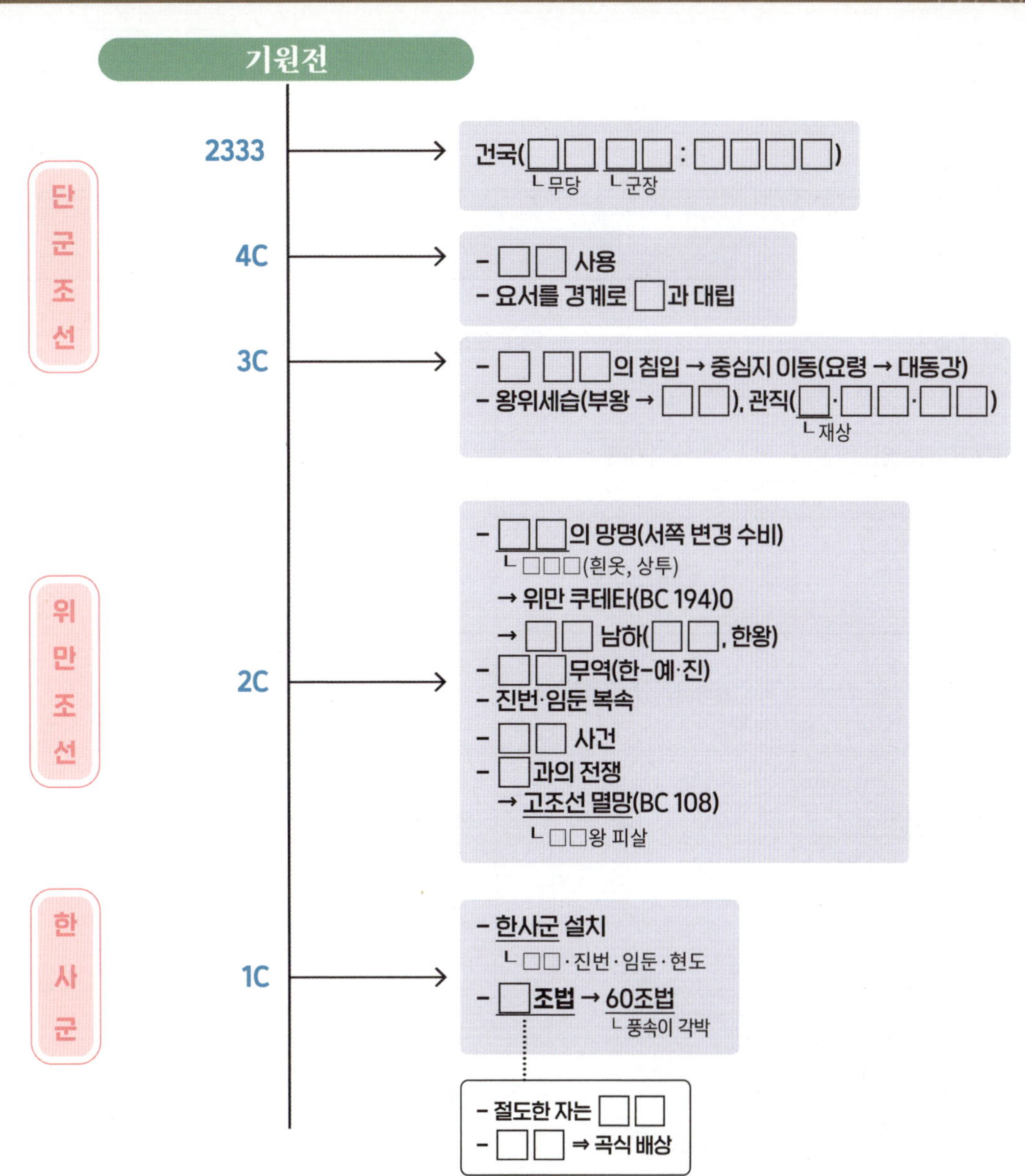

기원전

단군조선

2333　건국(☐☐ ☐☐ : ☐☐☐☐)
└무당　└군장

4C　- ☐☐ 사용
- 요서를 경계로 ☐과 대립

3C　- ☐ ☐☐의 침입 → 중심지 이동(요령 → 대동강)
- 왕위세습(부왕 → ☐☐), 관직(☐·☐☐·☐☐)
└재상

위만조선

- ☐☐의 망명(서쪽 변경 수비)
└☐☐☐(흰옷, 상투)
→ 위만 쿠테타(BC 194)0
→ ☐☐ 남하(☐☐, 한왕)
- ☐☐ 무역(한-예·진)
2C　- 진번·임둔 복속
- ☐☐ 사건
- ☐과의 전쟁
→ 고조선 멸망(BC 108)
└☐☐왕 피살

한사군

- 한사군 설치
└☐☐·진번·임둔·현도
1C　- ☐조법 → 60조법
└풍속이 각박

- 절도한 자는 ☐☐
- ☐☐ ⇒ 곡식 배상

구분		부여	고구려	옥저	동예	삼한
정치		마가·우가·구가·저가 └ 사출도	상가, 고추가	읍군·삼로		신지·읍차(정치), 천군(제사) └ 소도
경제		말·주옥·모피	약탈경제(부경)	소금·어물	단궁·과하마·반어피	– 벼농사, 양잠(비단) – 철 생산(변한)
풍속	결혼	–	서옥제	민며느리제	족외혼	–
	장례	순장	–	가족공동묘(골장제)	–	–
	기타	흰옷	–	–	– 호랑이를 신으로 섬김 – 책화 └ 소와 말로 배상	편두, 문신
		우제점복, 형사취수, 1책 12법				
제천행사		영고(12월) └ 전쟁시에도	동맹(10월) └ in 국동대혈	×	무천(10월)	수릿날(5월)·계절제(10월)

구분		□□	고구려	옥저	□□	삼한
정치		마가·우가·구가·저가 └□□□	□□, □□□	□□·삼로		신자·□□(정치), □□(제사) └□□
경제		□·□□·모피	□□□□(부경)	□□·어물	□□·□□□·반어피	− 벼농사, 양잠(비단) − □ 생산(□□)
풍속	결혼	−	□□□	□□□□□	족외혼	−
	장례	순장	−	□□공동묘(□□□)	−	−
	기타	□□ 우제점복, □□□□, □□ □□□	−	−	− □□□를 신으로 섬김 − □□ └소와 말로 배상	□□, 문신
제천행사		□□(□월) └전쟁시에도	□□(10월) └in □□□□	×	□□(10월)	□□□(5월)·□□□(10월)

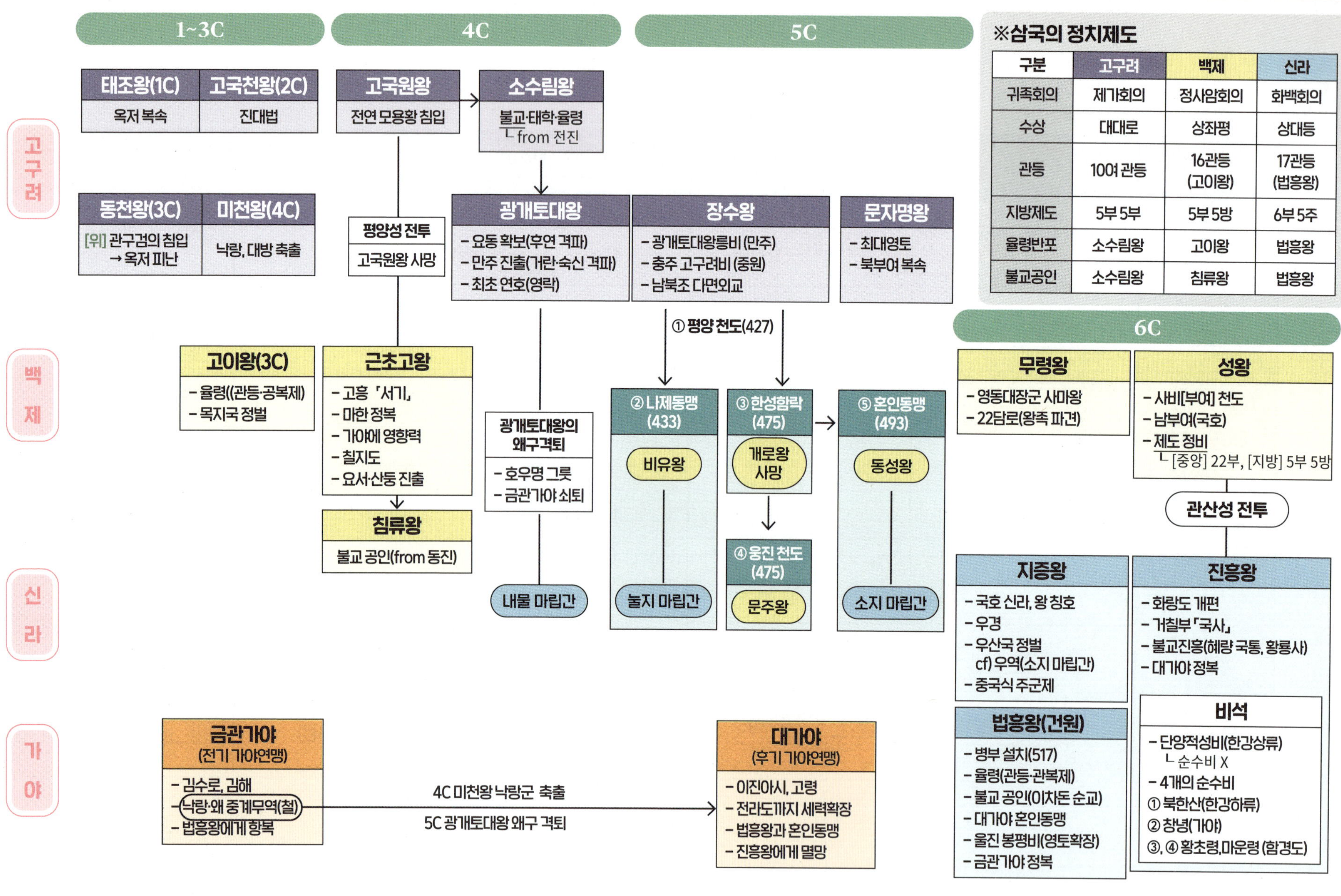
1~3C
4C
5C
※삼국의 정치제도
구분 | 고구려 | 백제 | 신라
귀족회의 | 제가회의 | 정사암회의 | 화백회의
수상 | 대대로 | 상좌평 | 상대등
관등 | 100여 관등 | 16관등 (고이왕) | 17관등 (법흥왕)
지방제도 | 5부 5부 | 5부 5방 | 6부 5주
율령반포 | 소수림왕 | 고이왕 | 법흥왕
불교공인 | 소수림왕 | 침류왕 | 법흥왕

고구려
태조왕(1C)
옥저 복속
고국천왕(2C)
진대법
동천왕(3C)
[위] 관구검의 침입 → 옥저 피난
미천왕(4C)
낙랑, 대방 축출

고국원왕
전연 모용황 침입
평양성 전투
고국원왕 사망

소수림왕
불교·태학·율령
└ from 전진

광개토대왕
- 요동 확보(후연 격파)
- 만주 진출(거란·숙신 격파)
- 최초 연호(영락)
광개토대왕의 왜구격퇴
- 호우명 그릇
- 금관가야 쇠퇴

장수왕
- 광개토대왕릉비 (만주)
- 충주 고구려비 (중원)
- 남북조 다면외교

문자명왕
- 최대영토
- 북부여 복속

① 평양 천도(427)

백제
고이왕(3C)
- 율령(관등·공복제)
- 목지국 정벌

근초고왕
- 고흥 「서기」
- 마한 정복
- 가야에 영향력
- 칠지도
- 요서·산동 진출

침류왕
불교 공인(from 동진)

② 나제동맹 (433)
비유왕

③ 한성함락 (475)
개로왕 사망

⑤ 혼인동맹 (493)
동성왕

④ 웅진 천도 (475)
문주왕

6C
무령왕
- 영동대장군 사마왕
- 22담로(왕족 파견)

성왕
- 사비[부여] 천도
- 남부여(국호)
- 제도 정비
  └ [중앙] 22부, [지방] 5부 5방

관산성 전투

신라
내물 마립간
눌지 마립간
소지 마립간

지증왕
- 국호 신라, 왕 칭호
- 우경
- 우산국 정벌
  cf) 우역(소지 마립간)
- 중국식 주군제

법흥왕(건원)
- 병부 설치(517)
- 율령(관등·관복제)
- 불교 공인(이차돈 순교)
- 대가야 혼인동맹
- 울진 봉평비(영토확장)
- 금관가야 정복

진흥왕
- 화랑도 개편
- 거칠부 「국사」
- 불교진흥(혜량 국통, 황룡사)
- 대가야 정복

비석
- 단양적성비(한강상류)
  └ 순수비 X
- 4개의 순수비
  ① 북한산(한강하류)
  ② 창녕(가야)
  ③, ④ 황초령, 마운령 (함경도)

가야
금관가야
(전기 가야연맹)
- 김수로, 김해
- 낙랑·왜 중계무역(철)
- 법흥왕에게 항복

4C 미천왕 낙랑군 축출
5C 광개토대왕 왜구 격퇴

대가야
(후기 가야연맹)
- 이진아시, 고령
- 전라도까지 세력확장
- 법흥왕과 혼인동맹
- 진흥왕에게 멸망

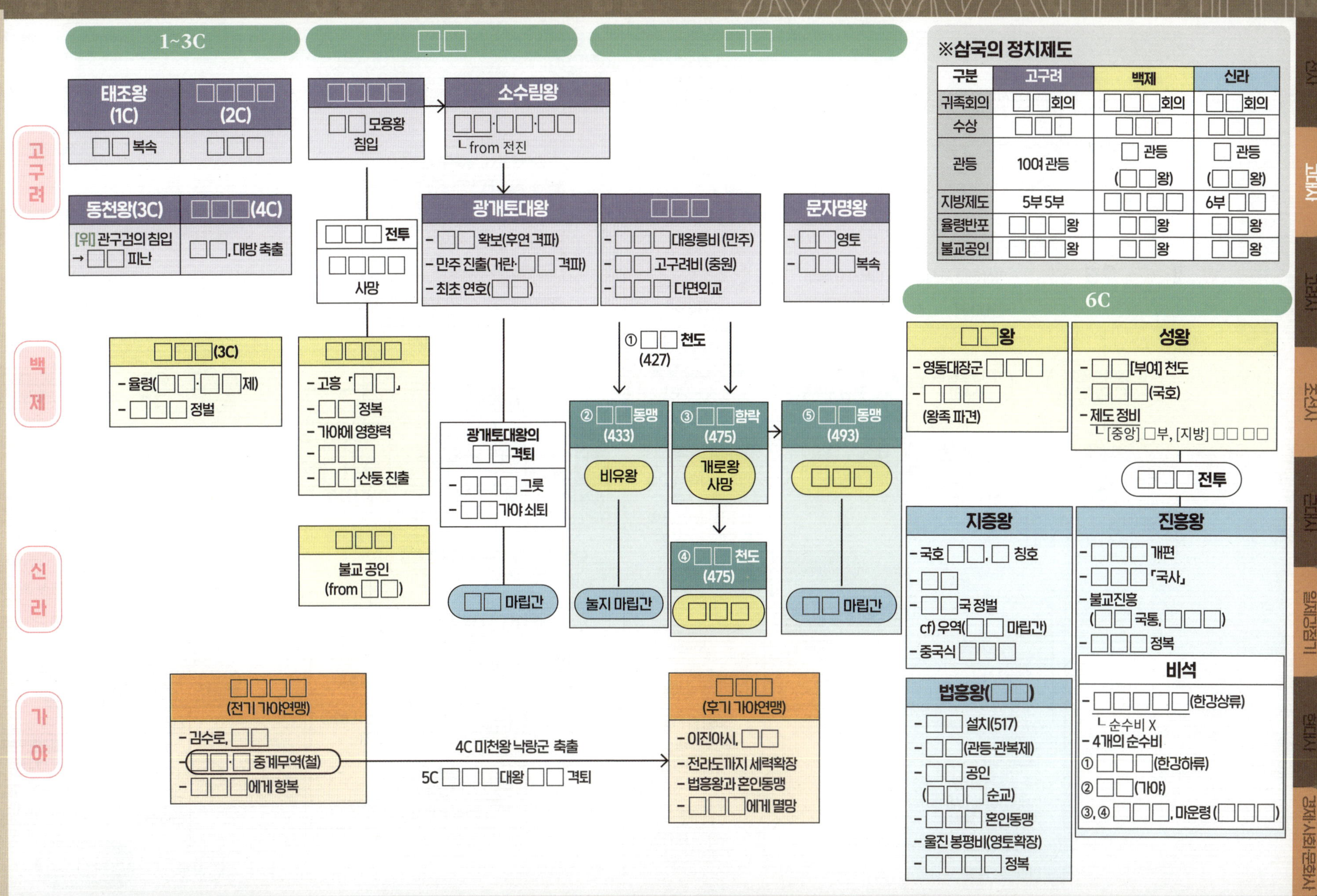

※삼국의 정치제도

구분	고구려	백제	신라
귀족회의	□□회의	□□□회의	□□회의
수상	□□□	□□□	□□□
관등	100여 관등	□ 관등 (□□왕)	□ 관등 (□□왕)
지방제도	5부 5부	□□□□	6부 □□
율령반포	□□□왕	□□왕	□□왕
불교공인	□□□왕	□□왕	□□왕

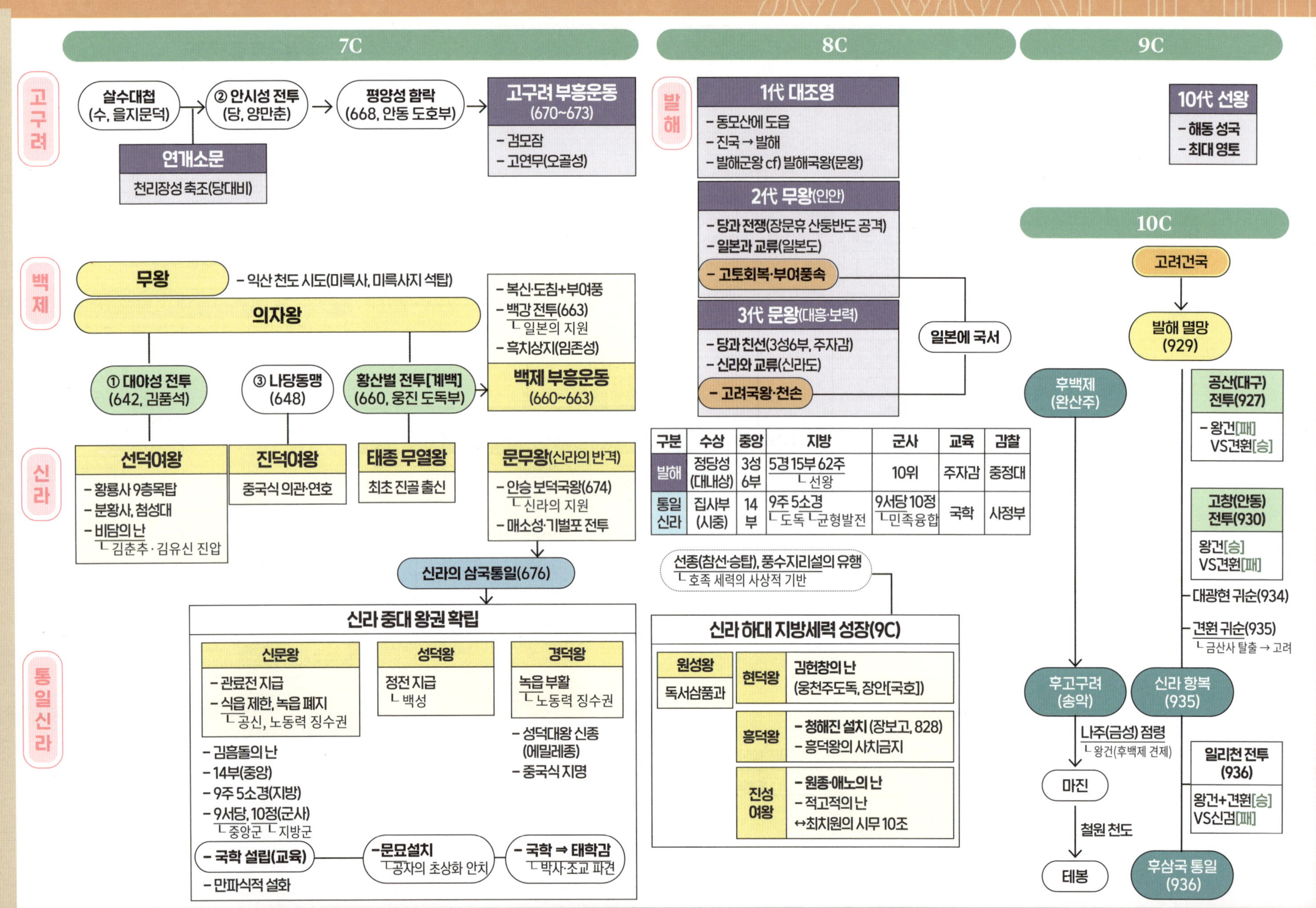

구분	수상	중앙	지방	군사	교육	감찰
발해	정당성 (대내상)	3성 6부	5경 15부 62주 └선왕	10위	주자감	중정대
통일신라	집사부 (시중)	14부	9주 5소경 └도독 └균형발전	9서당 10정 └민족융합	국학	사정부

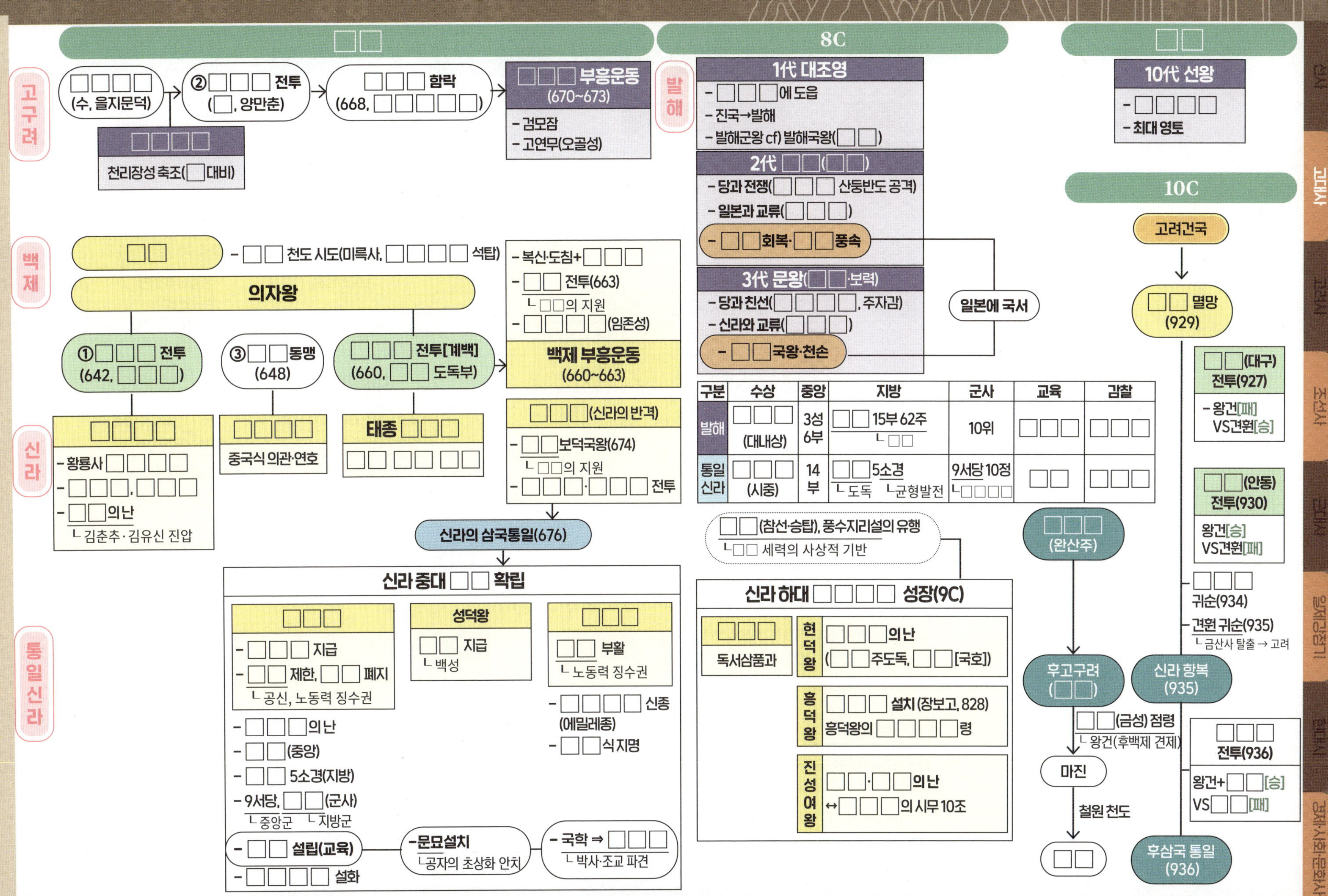

구분	수상	중앙	지방	군사	교육	감찰
발해	(대내상)	3성 6부	□□ 15부 62주 └ □□	10위	□□□	□□□
통일신라	□□□ (시종)	14부	□□□ 5소경 └ 도독 / └ 균형발전 / └ □□□□	9서당 10정	□□	

	태조	**광종**	**성종**	**현종**

중앙정책

규범
- 훈요10조
  └ 후대왕
- 정계·계백료서
  └ 신하

호족 회유
- 혼인·사성정책, 역분전(공로)
- 사심관(지방 호족 우대)
  cf) 기인제도(인질)
  └ [통신] 상수리제도

호족 억제
- 황도(개경), 서도(서경)
- 과거제(쌍기)
- 노비안검법, 공복 제정
- 칭제건원(광덕·준풍)

최승로 시무 28조 →

유교·친송정책
- 국자감(중앙)·향교(지방)
- 향리제도(호장·부호장)
  cf) 환구단·사직단

강조의 정변
  └ 현종 즉위

북방정책

- 거란 배척(만부교 사건)
- 영토확장(청천강~영흥만)

정종
- 광군사·서경천도 시도
  └ 거란대비

거란의 1차 침입
서희의 담판
↓
강동 6주 획득

거란의 2차 침입
- 현종 나주 피난
- 양규의 활약
- 초조대장경 간행

거란의 3차 침입
- 강감찬(귀주대첩)
- 나성, 천리장성(덕종)
  └ 개경·압록강~도련포

※고려의 중앙정치제도

중추원	군사기밀, 왕명출납	삼사	화폐, 곡식출납
대간	서경, 간쟁, 봉박 └ 동의·비판·거부	어사대 + 낭사 └ 감찰 · 간쟁	
도병마사	도평의사사(원간섭기) └ 국방→국정총괄		독자적 기구
식목도감	규칙		

지방정책

지방제도 정비
3경	경주 동경 승격
12목	최초 지방관
- 연등회·팔관회 폐지

지방제도 완성
5도	안찰사, 주현군
양계	병마사, 주진군
- 연등회·팔관회 부활
  └ 개경(11월)·서경(10월)

빈민구휼

흑창 ——— 제위보 ——— 의창·상평창

	문종	**숙종**	**예종**	**인종**

- 한양을 남경으로 승격

- 의천 활동(천태종, 주전도감, 속장경)
  └ 국청사 └ 활구[은병] └ 교장도감

- 복원궁(초제)
- 감무 파견(향리 견제)

- 송나라 사신 서긍(고려 도경에서 순수청자 극찬)

중앙정책

문벌귀족 형성
[정치] 음서(목종)
[경제] 공음전
[학문] 사학 12도
  └ 최충 문헌공도

vs

왕권강화의 몸부림

국자감 정비
서적포(출판) ——— 양현고(장학재단)
  └ 충렬왕 때 섬학전

여진 정벌
별무반(윤관) ——— 동북9성 축조·반환
  └ 신기군·신보군·항마군

문벌귀족 사회의 모순 폭발

이자겸의 난(1126)	**묘청의 난(1135)**
- 인수절	- 서경천도, 금 정벌 주장, 천개(연호) └ 풍수지리설
- 척준경과 반란(인종 감금)	- 신채호 "조선역사 일천년래 제일대사건"
	- 김부식 진압 → 삼국사기 저술(1145)

여진정벌

- 금 사대(이자겸, 1125)
- 요 멸망(by 금)

06 빈칸 채우기
(고려의 건국과 문벌귀족 사회의 성립)

[상단 구분] □□ | □□ | □□ | □□

중앙정책

규범
- □□□□
  └ 후대왕
- 정계·계백료서
  └ □□

호족 회유
- 혼인·사성정책, □□□□(공로)
- □□□□(지방 호족 우대)
- cf) □□□□(인질)
  └ [통신] 상수리제도

호족 억제
- □□(개경), □□(서경)
- □□□(쌍기)
- □□, □□□제정
- □□□(광덕·준풍)

- □□□ 시무 28조

유교·친송정책
- □□(중앙)·□□(지방)
- □□제도(호장·부호장)
- cf) □□□·사직단

□□의 정변
  └ 현종 즉위

□□의 1차 침입
□□의 담판
↓
□□□ 획득

거란의 2차 침입
- 현종 □□ 피난
- □□의 활약
- □□□ 간행

거란의 3차 침입
- □□□(귀주대첩)
- □□,
  └ 개경
  □□□□(덕종)
  └ 압록강~도련포

북방정책

- □□ 배척(□□□ 사건)
- 영토확장(□□□~영흥만)

정종
- □□□·□□천도 시도
  └ 거란대비

※고려의 중앙정치제도

중추원	□□□□, □□□□		□□	화폐, 곡식출납
대간	□□(동의), □□(비판), □□(거부)		□□□(감찰) +낭사(간쟁)	

□□□□	□□□□□(원간섭기) └ 국방→국정총괄	독자적 기구
□□□	규칙	

지방정책

지방제도 정비
- □□ 경주 □□ 승격
- □□ 최초 지방관
- □□□·□□ 폐지

지방제도 완성
- 5도 □□□, 주현군
  □□ □□□,□□□□
- □□□·□□□ 부활
  └ □□(11月)·□□(10月)

빈민구휼

□□ ── □□□ ── □□·□□□

문종
- 한양을 □□으로 승격

□□ 활동(□□□□, □□□□·속장경)
  └ 국청사 └ □□□[은병] └ □□도감
- □□□(초제)
- □□ 파견(향리 견제)

- 송나라 사신 서긍(고려 도경에서 □□청자 극찬)

중앙정책

문벌귀족 형성
- [정치] □□(목종)
- [경제] □□□
- [학문] □□□□
  └ □□ 문헌공도

VS

왕권강화의 몸부림

국자감 정비
- □□□(출판) ── □□□(장학재단)
  └ 충렬왕 때 □□□

□□ 정벌
- □□□(윤관) ── □□□□ 축조·반환
  └ □□□·신보군·□□□

문벌귀족 사회의 모순 폭발

□□□의 난(1126)	□□의 난(1135)
- 인수절 - □□□과 반란 (인종 감금)	- □□천도, □ 정벌 주장, □□(연호) └ □□□□□ - (□□□ "조선역사 일천년래 제일대사건" - 김부식 진압 → □□□□ 저술(1145)

- □ 사대(이자겸, 1125)
- 요 멸망(by 금)

여진정벌

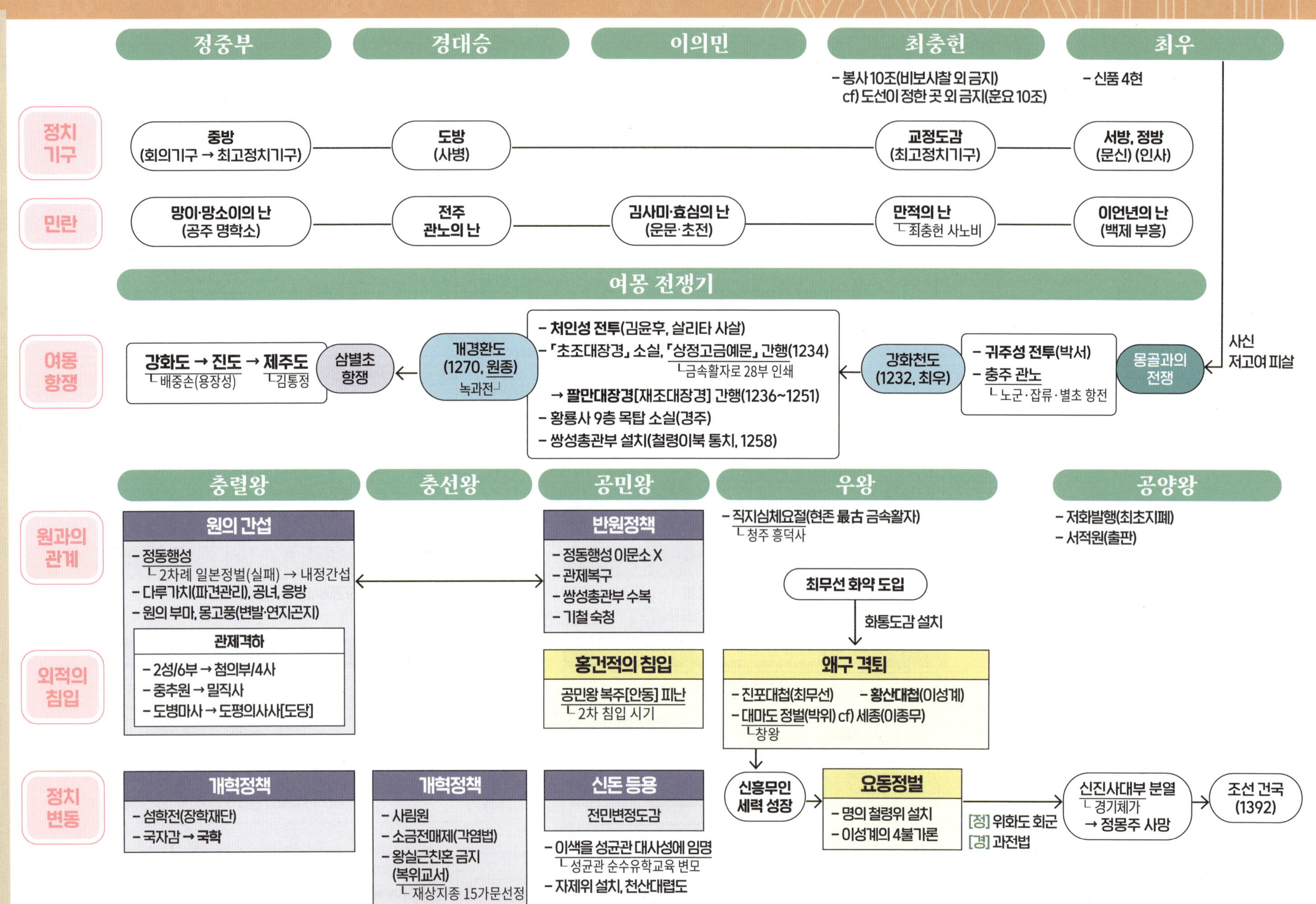

정중부 | 경대승 | 이의민 | 최충헌 | 최우

최충헌: - 봉사 10조(비보사찰 외 금지) cf) 도선이 정한 곳 외 금지(운요 10조)
최우: - 신품 4현

정치기구
중방 (회의기구 → 최고정치기구)
도방 (사병)
교정도감 (최고정치기구)
서방, 정방 (문신) (인사)

민란
망이·망소이의 난 (공주 명학소)
전주 관노의 난
김사미·효심의 난 (운문·초전)
만적의 난 └ 최충헌 사노비
이언년의 난 (백제 부흥)

여몽 전쟁기

여몽항쟁
강화도 → 진도 → 제주도 └배중손(용장성) └김통정
삼별초 항쟁
개경환도 (1270, 원종) 녹과전┘
- 처인성 전투(김윤후, 살리타 사살)
- 「초조대장경」 소실, 「상정고금예문」 간행(1234) └금속활자로 28부 인쇄
→ 팔만대장경[재조대장경] 간행(1236~1251)
- 황룡사 9층 목탑 소실(경주)
- 쌍성총관부 설치(철령이북 통치, 1258)
강화천도 (1232, 최우)
- 귀주성 전투(박서)
- 충주 관노 └노군·잡류·별초 항전
몽골과의 전쟁
사신 저고여 피살

충렬왕 | 충선왕 | 공민왕 | 우왕 | 공양왕

원과의 관계
원의 간섭
- 정동행성 └2차례 일본정벌(실패) → 내정간섭
- 다루가치(파견관리), 공녀, 응방
- 원의 부마, 몽고풍(변발·연지곤지)
관제격하
- 2성/6부 → 첨의부/4사
- 중추원 → 밀직사
- 도병마사 → 도평의사사[도당]

반원정책
- 정동행성 이문소 X
- 관제복구
- 쌍성총관부 수복
- 기철 숙청

- 직지심체요절(현존 最古 금속활자) └청주 흥덕사
- 저화발행(최초지폐)
- 서적원(출판)

최무선 화약 도입
화통도감 설치

외적의 침입
홍건적의 침입
공민왕 복주[안동] 피난 └2차 침입 시기

왜구 격퇴
- 진포대첩(최무선) - 황산대첩(이성계)
- 대마도 정벌(박위) cf) 세종(이종무) └창왕

정치변동
개혁정책
- 섬학전(장학재단)
- 국자감 → 국학

개혁정책
- 사림원
- 소금전매제(각염법)
- 왕실근친혼 금지 (복위교서) └재상지종 15가문선정

신돈 등용
전민변정도감
- 이색을 성균관 대사성에 임명 └성균관 순수유학교육 변모
- 자제위 설치, 천산대렵도

신흥무인 세력 성장
요동정벌
- 명의 철령위 설치
- 이성계의 4불가론
[정] 위화도 회군
[경] 과전법

신진사대부 분열 └경기체가 → 정몽주 사망
조선 건국 (1392)

선사 | 고대사 | 고려사 | 조선사 | 근대사 | 일제강점기 | 현대사 | 경제사·사회·문화사

빈칸 채우기
(무신정변과 원간섭기의 사회)

□□□개혁 | □□□□ | □□□□ | □□□□ | □□□

- □□ 10조(□□□□ 외 금지)
cf) □□이 정한 곳 외 금지(□□ 10조)

- □□□□

정치기구

- □□ (□□기구 → 최고□□기구)
- □□ (사병)
- □□□□ (최고정치기구)
- □□·□□ (문신) (인사)

민란

- □□·망소이의 난 (□□ □□□)
- □□ 관노의 난
- □□□·□□의 난 (□□·초전)
- □□의 난 └ 최충헌 사노비
- 이연년의 난 (□□ 부흥)

여몽 전쟁기

여몽항쟁

- 강화도 → □□ └ □□□(용장성) → 제주도 └ □□□
- □□ 항쟁 □□□□
- □□환도 (1270, 원종)
- □□□ 전투(□□□, 살리타 사살)
- 「□□□□□□」 소실, 「□□□□□□□」 간행(1234) └ 금속활자로 28부 인쇄
- → 팔만대장경[□□대장경] 간행(1236~1251)
- 황룡사 9층 목탑 소실(경주)
- □□□□□ 설치(□□이북 통치, 1258)
- □□천도 (1232, □□)
- □□성 전투(□□)
- □□관노 └ □□·□□·별초 항전
- □□과의 전쟁 ← 사신 □□□ 피살

□□□ | □□□ | □□□ | □□ | □□□

원과의 관계

원의 간섭

- □□□□ └ 2차례 □□정벌(실패) → □□간섭
- □□□□□(파견관리), 공녀, □□
- 원의 □□, □□□□(변발·연지곤지)

□□□□
- 2성/6부 → □□□□/□□
- 중추원 → □□□
- 도병마사 → 도평의사사[□□]

개혁정책

- □□□(장학재단)
- 국자감 → 국학

반원정책

- 정동행성 □□□ X
- □□복구
- □□□□ 수복
- □□ 숙청

개혁정책

- □□□
- □□전매제(각염법)
- 왕실□□□ 금지 (복위교서) └ 재상지종 15가문선정

□□□의 침입

공민왕 □□[안동] 피난 └ 2차 침입 시기

□□등용

□□□□ 도감

- 이색을 성균관 대사성에 임명 └ 성균관 □□□□ 교육 변모
- 자제위 설치, □□□□□

외적의 침입 / 정치 변동

- □□□□□□□(현존 最古 금속활자) └ 청주 □□□

- □□□ 화약 도입
  ↓ □□□□ 설치
  ↓

□□ 격퇴

- □□대첩(최무선) - □□대첩(이성계)
- □□□정벌(□□) cf) 세종(□□□) └ 창왕

신흥무인 세력 성장 →

□□ 정벌

- 명의 □□□ 설치
- □□□의 4불가론

[정] □□□ 회군
[경] 과전법

신진사대부 분열 └ □□□□ → □□□ 사망

□□건국 (1392)

- 저화발행(최초지폐)
- 서적원(출판)

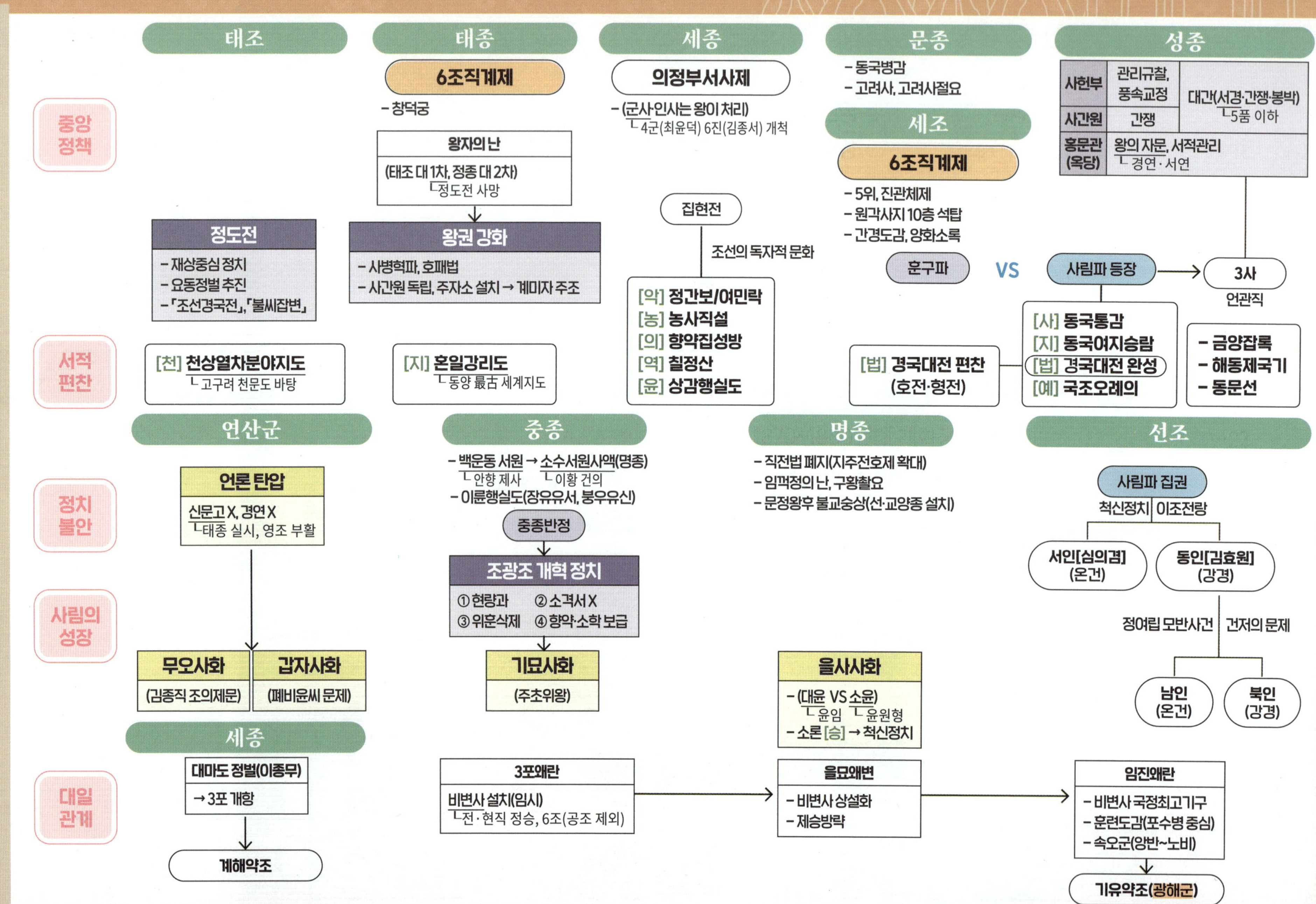
태조
태종
세종
문종
성종

중앙정책

6조직계제
- 창덕궁

의정부서사제
- (군사인사는 왕이 처리)
└ 4군(최윤덕) 6진(김종서) 개척

- 동국병감
- 고려사, 고려사절요

세조

사헌부 | 관리규찰, 풍속교정 | 대간(서경·간쟁·봉박)
사간원 | 간쟁 | └ 5품 이하
홍문관 (옥당) | 왕의 자문, 서적관리 | └ 경연·서연

왕자의 난
(태조 대 1차, 정종 대 2차)
└ 정도전 사망

6조직계제
- 5위, 진관체제
- 원각사지 10층 석탑
- 간경도감, 양화소록

정도전
- 재상중심 정치
- 요동정벌 추진
- 「조선경국전」, 「불씨잡변」

왕권 강화
- 사병혁파, 호패법
- 사간원 독립, 주자소 설치 → 계미자 주조

집현전

조선의 독자적 문화

훈구파 VS 사림파 등장

3사
언관직

서적편찬

[천] 천상열차분야지도
└ 고구려 천문도 바탕

[지] 혼일강리도
└ 동양 最古 세계지도

[악] 정간보/여민락
[농] 농사직설
[의] 향약집성방
[역] 칠정산
[윤] 상감행실도

[법] 경국대전 편찬
(호전·형전)

[사] 동국통감
[지] 동국여지승람
[법] 경국대전 완성
[예] 국조오례의

- 금양잡록
- 해동제국기
- 동문선

연산군
중종
명종
선조

정치불안

언론 탄압
신문고 X, 경연 X
└ 태종 실시, 영조 부활

- 백운동 서원 → 소수서원사액(명종)
└ 안향 제사 └ 이황 건의
- 이륜행실도(장유유서, 붕우유신)

- 직전법 폐지(지주전호제 확대)
- 임꺽정의 난, 구황촬요
- 문정왕후 불교숭상(선·교양종 설치)

사림파 집권
척신정치 이조전랑

사림의 성장

중종반정

조광조 개혁 정치
① 현량과 ② 소격서 X
③ 위훈삭제 ④ 향약·소학 보급

서인[심의겸] (온건)
동인[김효원] (강경)

무오사화
(김종직 조의제문)

갑자사화
(폐비윤씨 문제)

기묘사화
(주초위왕)

을사사화
- (대윤 VS 소윤)
└ 윤임 └ 윤원형
- 소론[승] → 척신정치

정여립 모반사건 건저의 문제

남인 (온건)
북인 (강경)

세종

대일관계

대마도 정벌(이종무)
→ 3포 개항

3포왜란
비변사 설치(임시)
└ 전·현직 정승, 6조(공조 제외)

을묘왜변
- 비변사 상설화
- 제승방략

임진왜란
- 비변사 국정최고기구
- 훈련도감(포수병 중심)
- 속오군(양반~노비)

계해약조

기유약조(광해군)

[좌측 세로 구분] 중앙정책 / 서적편찬 / 정치불안 / 사림의 성장 / 대일관계

중앙정책

□□

□□□□□
- □□□

왕자의 난
(□□ 대 1차, □□ 대 2차)
└ □□□ 사망

왕권 강화
- 사병혁파, □□□□
- □□□ 독립, 주자소 설치
- → □□□ 주조

[지] □□□ □□ □□
└ 동양 □□ 세계지도

□□
- □□□ 중심 정치
- □□□ 정벌 추진
- 「□□□□□□」, 「□□□□」

[천] □□□□□□□□
└ 고구려 천문도 바탕

□□
- (군사 인사는 왕이 처리)
└ □□(최윤덕) □□(□□□) 개척

□□

□□□□□
- 5위, □□ 체제
- □□□□ 10층 석탑
- 간경도감, 양화소록

□□□ — 조선의 독자적 문화

[악] **정간보**/□□□□
[농] □□□□
[의] □□□□
[역] □□□□
[윤] □□□□

- 동국병감
- 고려사, 고려사절요

[법] □□□□ **편찬**
(□□·□□)

VS

□□□	관리규찰, 풍속교정	대간 (□□·□□·□□) └5품 이하
□□□	□□	
□□□ (옥당)	왕의 자문, 서적관리 └ □□·□□	

사림파 □□ → □□

[사] □□□□
[지] □□□□□
[법] □□□□ **완성**
[예] □□□□□

언관직
- □□□□
- **해동제국기**
- □□□

서적편찬 / 정치불안 / 사림의 성장

□□□

언론 탄압
□□□ X, □□ X
└ 태종 실시, 영조 부활

↓

□□□□ (□□□ 조의제문)

□□□□ (폐비윤씨 문제)

□□

- □□□ 서원 → 소수서원사액(명종)
  └ 안향 제사   └ □□ 건의
- □□□□□ (장유유서, 붕우유신)

□□□□

↓

□□□ 개혁 정치
① □□□   ② □□□ X
③ □□□□   ④ □□·□□ 보급

↓

□□□□ (□□□□)

□□
- □□□ 폐지(지주전호제 확대)
- □□□ 의 난, □□□□
- 문정왕후 불교숭상(선·교양종 설치)

□□□□
- (□□ VS □□)
  └ 윤임   └ 윤원형
- □□ [승] → □□ 정치

사림의 성장 (우측)

□□□ 집권
척신정치 | □□□□

├ □□[심의겸] (온건)
└ □□[김효원] (강경)

□□□□□ 사건 | 건저의 문제

├ □□ (온건)
└ □□ (강경)

대일관계

□□

□□□ 정벌(이종무)
→ □□ 개항

↓

□□□□

□□□□
□□□ 설치(□□)
└ □·□□ 정승, 6조(공조 제외)

→

□□□□
- 비변사 □□□
- □□□□

→

□□□□
- 비변사 □□□□ 기구
- □□□□ (포수병 중심)
- □□□ (양반~노비)

↓

□□□□ (광해군)

임진왜란 / 정유재란

선조

임진왜란(1592~1593)
- 충주 탄금대 전투(신립) [패]
- 한양 함락 → 평양 함락 → 의주 피난
- 한산도 대첩(이순신), 진주대첩(김시민)
- 조명연합군 평양탈환(93)
- 벽제관 전투 → 행주대첩(권율)
- 의병(곽재우)

↓ 휴전회담 中 훈련도감 설치

정유재란(1597)
- 칠천량해전 [패] → 명량대첩 [승]
- 히데요시 사망 → 노량대첩

↓

사후처리
- 포로송환(유정[사명대사])
- 통신사 파견(비정기·문화 목적)
- 성리학(이황), 도자기 전파

광해군(+북인)

임란 중 분조(+의병)

임진왜란 후속조치
- 「동의보감」(허준)
- 5대 사고
- 경기도에 대동법 실시

정치적 실정
- 폐모살제   - 무리한 궁궐건축
- 중립외교(강홍립 투항)

정묘호란 / 병자호란

인조(서인+남인)

인조반정(1623)

↓ 어영청

이괄의 난(1624)
└ 인조 공주피난

↓ 총융청 수어청

정묘호란(1627)
- 인조 강화도 피난
- 형제의 맹 [후금]
- 의병(정봉수·이립)

↓ 주전론 우세

병자호란(1636)
- 인조 남한산성 피난
- 군신의 맹 [청]

효종(서인+남인)

북벌론(서인)

↓ but…

나선정벌
2차례 러시아 정벌 동원
(by 청 요청)

예송논쟁 / 환국정치

현종(서인 VS 남인)

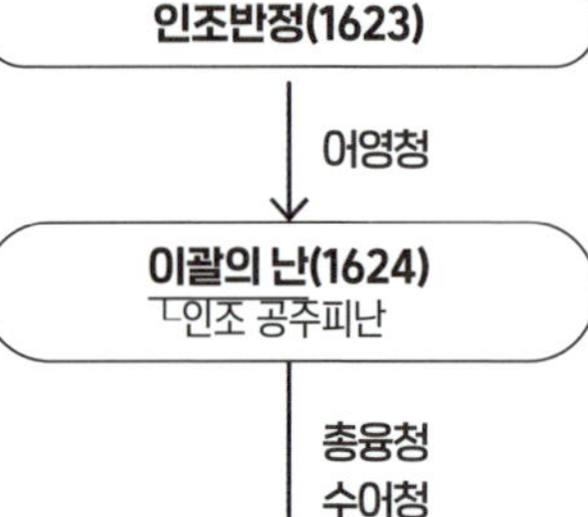

예송논쟁

1년 (기년복)	9개월 (대공복)

신권(서인)

기해예송(1659)	갑인예송(1674)
효종 死	효종비 死

왕권(남인)

3년	1년 (기년복)

숙종

- 금위영 설치(5군영 완성)
- 안용복 독도수호·백두산 정계비
- 북관대첩비(정문부), 만동묘(명황제)

환국정치

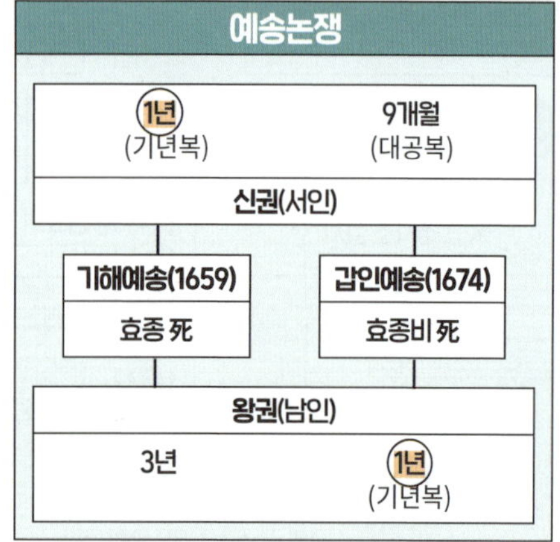

경신환국(1680)
- 허적병신(역모사건)
- [서인] 집권, 서인의 노·소론분화

기사환국(1689)
- 장희빈 아들 세자책봉 문제
- [남인] 기사회생, 송시열 처형

갑술환국(1694)
- [서인] 집권(일당전제화) → 남인 몰락

영·정조 / 탕평정치

영조 ─ 정조

└ 사도세자 사망

	완론탕평(붕당부정)	준론탕평
탕평책	산림 부정, 서원 정리 탕평교서 └ 이인좌의 난 계기	규장각·장용영, 수령의 향약 주관, 초계문신제
경제	균역법(군포2→1필)	신해통공(금난전권 폐지) └ 6의전 제외
사회	노비종모법, 가혹한 형벌 폐지	서얼 중용(박제가·유득공) └ 규장각 검서관
도시건설	청계천 준설	화성 건설(거중기)
법전	속대전	대전통편, 탁지지·추관지
기타	동국지도	- 무예도보통지 - 고금도서집성 수입

민란과 세도정치

순조 ─ 철종

└ 효명세자 사망

세도정치(안동김씨·풍양조씨)

- 공노비 해방·신유박해
- 신해허통(서얼 청요직 허용)
- 동학 창시(18C)

홍경래의 난 (1811)	임술농민봉기 [진주민란](1862)
- 가산·정주 - 서북지역 차별에 대항 (잔반+광산·상공업자) - 몰락양반 홍경래	- 단성·진주 → 전국확산 - 삼정이정청 설치(실패)

09 빈칸 채우기
(양란과 예송·환국[17C], 탕평정치[18C]와 세도정치[19C])

| □□왜란 / 정유재란 | □□호란 / □□호란 | □□논쟁 / □□정치 | 영·정조 / □□정치 |

선조

□□□□(1592~1593)
- 충주 □□□ 전투(□□) [패]
- □□ 함락 → □□ 함락 → □□ 피난
- □□□ 대첩(이순신), 진주대첩(□□□)
- 조명연합군 □□ 탈환(93)
- 벽제관 전투 → □□□ 대첩(□□)
- 의병(곽재우)

↓ 휴전회담 中 □□□□ 설치

□□□□(1597)
- □□□□ 해전 [패] → □□ 대첩 [승]
- 히데요시 사망 → □□ 대첩

↓

사후처리
- □□ 송환(유정[□□□□])
- □□□ 파견(비정가·□□ 목적)
- 성리학(□□), □□□ 전파

광해군(+□□)

임란 중 분조(+□□)

임진왜란 후속조치
- 「□□□□」(허준)
- □□ 사고
- □□□에 대동법 실시

정치적 실정
- □□□□□ - 무리한 □□ 건축
- □□ 외교(□□□ 투항)

□□(서인+남인)

□□반정(1623)

↓ 어영청

□□의 난(1624)
└인조 □□ 피난

↓ 총융청 □□□

□□□□(1627)
- 인조 □□□ 피난
- □ 의맹[□□]
- 의병(□□□·이립)

↓ 주전론 우세

□□□□(1636)
- 인조 □□□□ 피난
- □ 의맹[□]

□□(서인+남인)

북벌론(□□)

↓ but…

□□□
2차례 러시아 정벌 동원
(by □ 요청)

현종(□□ VS □□)

□□□□

□년 (기년복)	□개월 (대공복)
□□(서인)	
□□□□ (1659)	□□□□ (1674)
□□ 死	□□□ 死
□□(남인)	
□□	□년 (기년복)

□□
- □□□ 설치(5군영 완성)
- □□□ 독도수호·□□□□
- 북관대첩비(정문부), □□□(명황제)

□□□□

□□□□(1680)
- □□ 병신(역모사건)
- [□□] 집권, 서인의 □·□□ 분화

□□□□(1689)
- □□□ 아들 세자책봉 문제
- [□□] 기사회생, □□□ 처형

□□□□(1694)
- [□□] 집권(일당전제화) → 남인몰락

영·정조 □□정치

| □□ | □□ |

└ □□□□ 사망

	영조	정조
탕평책	□□탕평(붕당부정) 산림 부정, □□ 정리 탕평교서 └□□□의 난 계기	□□탕평 □□□·□□□, □□의 향약 주관, □□문신제
경제	□□□(군포2→1필)	□□□□(금난전권 폐지) └6의전 제외
사회	노비□□□, 가혹한 □□ 폐지	□□ 중용(박제가·유득공) └규장각 □□□
도시건설	□□□ 준설	□□ 건설(거중기)
법전	□□□□	□□□□, 탁지지·추관지
기타	□□지도	-□□□□□□ -고금도서집성 □□

민란과 세도정치

| □□ | □□ |

└ 효명세자 사망

세도정치(□□□□·풍양조씨)
- □□□ 해방 ·□□ 박해
- □□□□(서얼 청요직 허용)
- □□ 창시(18C)

□□□의 난(1811)
- 가산·정주
- □□ 지역 차별에 대항 (잔반+□□·□□□□)
- 몰락양반 □□□

□□□□봉기 [□□민란](1862)
- 단성·□□ → □□ 확산
- □□□□ 설치(실패)

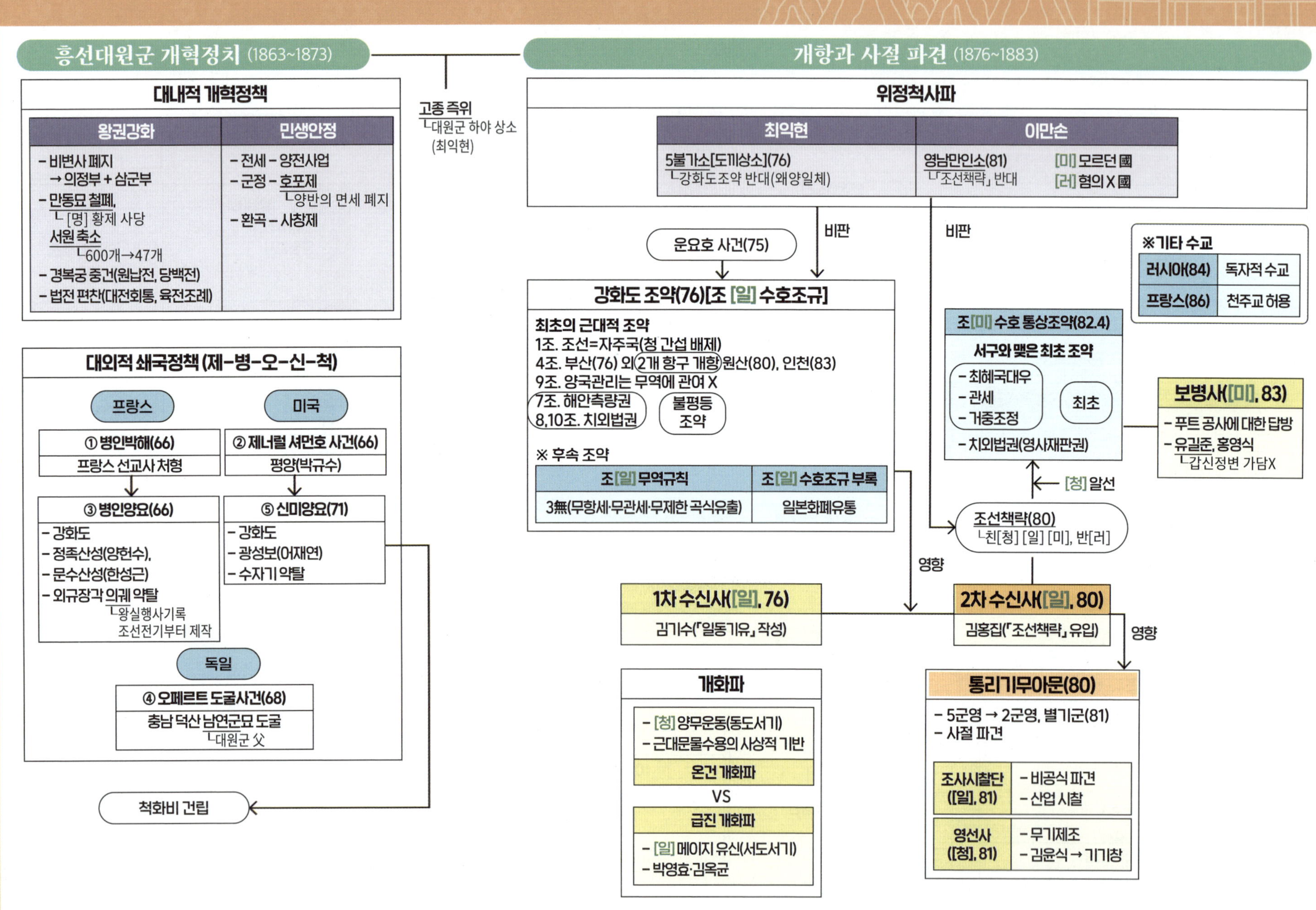
흥선대원군 개혁정치 (1863~1873)
개항과 사절 파견 (1876~1883)

대내적 개혁정책
왕권강화
- 비변사 폐지
→ 의정부 + 삼군부
- 만동묘 철폐,
[명] 황제 사당
서원 축소
600개→47개
- 경복궁 중건(원납전, 당백전)
- 법전 편찬(대전회통, 육전조례)
민생안정
- 전세 – 양전사업
- 군정 – 호포제
양반의 면세 폐지
- 환곡 – 사창제

고종 즉위
대원군 하야 상소
(최익현)

위정척사파
최익현
5불가소[도끼상소](76)
강화도조약 반대(왜양일체)
이만손
영남만인소(81)
「조선책략」 반대
[미] 모르던 國
[러] 혐의 X 國

운요호 사건(75)
비판
비판

※기타 수교
러시아(84) 독자적 수교
프랑스(86) 천주교 허용

강화도 조약(76)[조 [일] 수호조규]
최초의 근대적 조약
1조. 조선=자주국(청 간섭 배제)
4조. 부산(76) 외 2개 항구 개항 원산(80), 인천(83)
9조. 양국관리는 무역에 관여 X
7조. 해안측량권
8,10조. 치외법권
불평등 조약
※ 후속 조약
조[일] 무역규칙 | 조[일] 수호조규 부록
3無(무항세·무관세·무제한 곡식유출) | 일본화폐유통

조[미] 수호 통상조약(82.4)
서구와 맺은 최초 조약
- 최혜국대우
- 관세
- 거중조정
최초
- 치외법권(영사재판권)

[청] 알선

보병사[미], 83)
- 푸트 공사에 대한 답방
- 유길준, 홍영식
갑신정변 가담X

대외적 쇄국정책 (제-병-오-신-척)
프랑스
① 병인박해(66)
프랑스 선교사 처형
미국
② 제너럴 셔먼호 사건(66)
평양(박규수)

③ 병인양요(66)
- 강화도
- 정족산성(양헌수),
- 문수산성(한성근)
- 외규장각 의궤 약탈
왕실행사기록
조선전기부터 제작

⑤ 신미양요(71)
- 강화도
- 광성보(어재연)
- 수자기 약탈

독일
④ 오페르트 도굴사건(68)
충남 덕산 남연군묘 도굴
대원군 父

척화비 건립

조선책략(80)
친[청] [일] [미], 반[러]

1차 수신사[일], 76)
김기수(「일동기유」 작성)

2차 수신사[일], 80)
김홍집(「조선책략」 유입)
영향

개화파
- [청] 양무운동(동도서기)
- 근대문물수용의 사상적 기반
온건 개화파
VS
급진 개화파
- [일] 메이지 유신(서도서기)
- 박영효·김옥균

통리기무아문(80)
- 5군영 → 2군영, 별기군(81)
- 사절 파견
조사시찰단([일], 81)
- 비공식 파견
- 산업 시찰
영선사([청], 81)
- 무기제조
- 김윤식 → 기기창
영향

빈칸 채우기
(1870~1880년대 개화정책의 추진[개항과 사절파견])

□□□□□ 개혁정치 (1863~1873)

대내적 개혁정책

□□□□	민생안정
- □□□ 폐지 → □□□ + 삼군부	- 전세 - 양전사업
- □□□ 철폐, └ [명] 황제 사당	- 군정 - □□□ └ 양반의 면세 폐지
□□ 축소 └ 600개→47개	- 환곡 - □□□
- □□ 중건 (원납전, □□□)	
- 법전 편찬 (□□□□, 육전조례)	

고종 즉위
└ □□□하야 상소
(□□□)

대외적 쇄국정책 (□-□-□-□-□-□)

프랑스

① 병인박해(66)
프랑스 선교사 처형
↓
③ □□□□(66)
- □□□□
- □□□(양헌수),
- □□□(한성근)
- □□□□ 약탈
└ 왕실행사기록
조선전기부터 제작

미국

② □□□□□
□□ 사건(66)
□□(박규수)
↓
⑤ □□□□(71)
- □□□□
- 광성보(□□□)
- 수자기 약탈

독일

④ □□□□□도굴사건(68)
충남 □□ 남연군묘 도굴
└ 대원군 父

□□□ 건립

개항과 사절 파견 (1876~1883)

□□□□파

□□□	□□□
□□□□□[도끼상소](76) └ 강화도조약 반대(□□□□)	□□□□□□(81) └ 「조선책략」 반대
	[미] □□□ 國 / [러] □□□ 國

□□□ 사건(75) → 비판 / 비판

강화도 조약(76)[□□□□□□□]

최초의 근대적 조약
1조. □□ = □□□□ (□ 간섭 배제)
4조. □□(76) 외 2개 항구 개항 □□(80), □□(83)
9조. 양국관리는 무역에 관여 X
7조. □□□□□ ┐
8,10조. □□□□ ┘ 불평등 조약

※ 후속 조약

□□□ □□□	□□□□□□ 부록
3無(무항세·무관세· □□□ 곡식유출)	일본 □□ 유통

조[미] 수호 통상조약(82.4)

□□ 와 맺은 최초 조약
- □□□□
- 관세 ─ 최초
- 치외법권(영사재판권)

[□] 알선

※기타 수교

러시아(84)	□□□ 수교
프랑스(86)	□□□ 허용

□□□ ([미], 83)

- 푸트 공사에 대한 답방
- □□□, 홍영식
└ 갑신정변 가담X

□□□□(80)
└ 친[청] [일] [미], 반[□]

1차 □□□([일], □□)

김기수(「일동기유」 작성)

개화파

- [청] 양무운동(□□□□)
- □□□□ 수용의 사상적 기반
- □□ 개화파

VS

- □□ 개화파
- [일] 메이지 유신(서도서기)
- □□□·□□□

2차 □□□([일], 80)

김홍집(「□□□□」 유입) → 영향

□□□□□□(80)

- 5군영 → □□□, □□□(81)
- 사절 파견

□□□□ ([일], 81)	- 비공식 파견 - 산업 시찰
□□□ ([청], 81)	- 무기제조 - 김윤식 → □□□

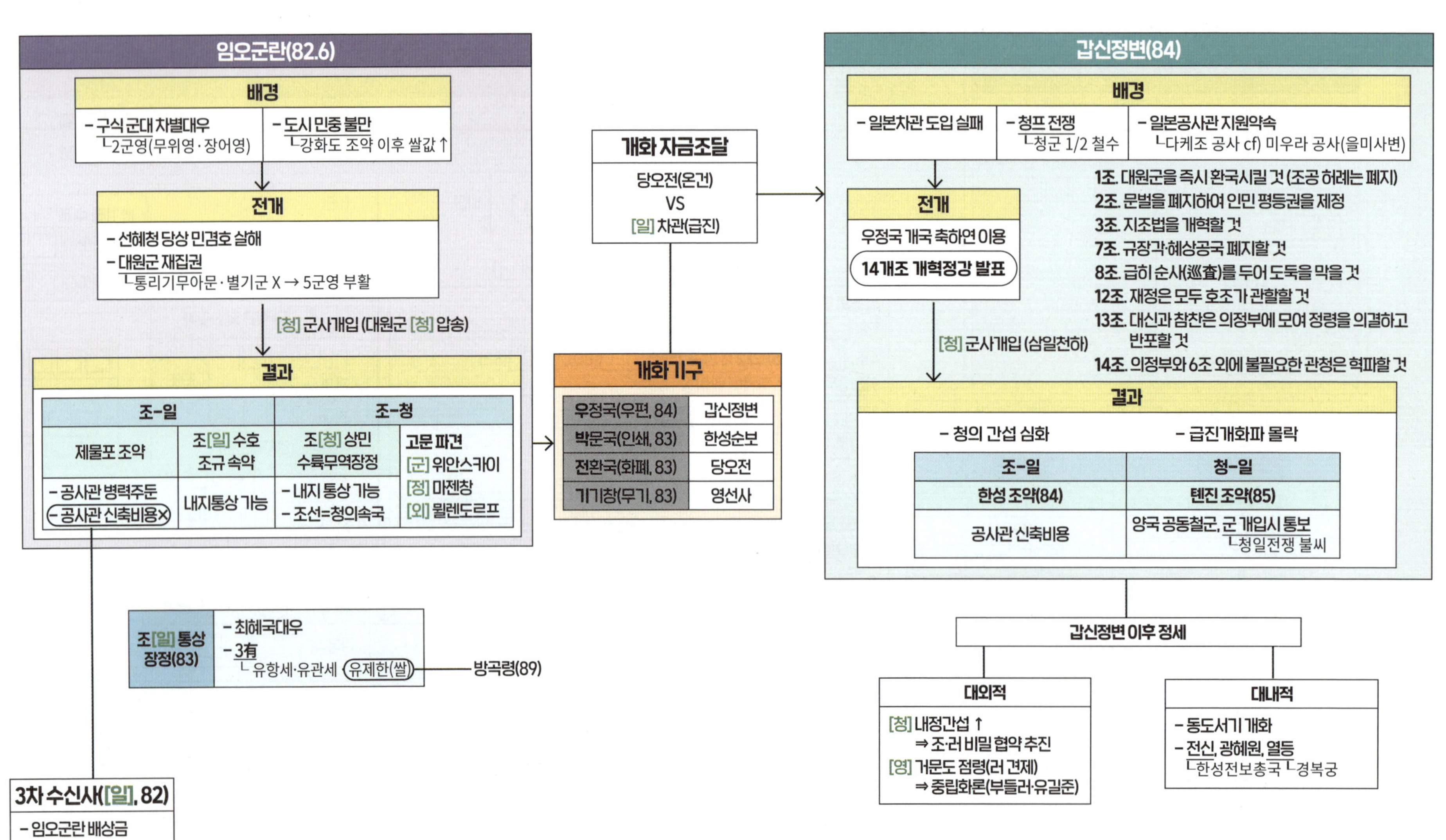
임오군란(82.6)

배경
- 구식 군대 차별대우
  └ 2군영(무위영·장어영)
- 도시 민중 불만
  └ 강화도 조약 이후 쌀값↑

전개
- 선혜청 당상 민겸호 살해
- 대원군 재집권
  └ 통리기무아문·별기군 X → 5군영 부활

[청] 군사개입 (대원군 [청] 압송)

결과

조-일
제물포 조약 | 조[일] 수호 조규 속약
- 공사관 병력주둔 | 내지통상 가능
- 공사관 신축비용 X

조-청
조[청] 상민 수륙무역장정 | 고문 파견
- 내지 통상 가능 | [군] 위안스카이
- 조선=청의속국 | [청] 마젠창
 | [외] 묄렌도르프

조[일] 통상 장정(83)
- 최혜국대우
- 3有
  └ 유항세·유관세 (유제한(쌀)) ─ 방곡령(89)

3차 수신사 [일], 82
- 임오군란 배상금
- 박영효(최초 태극기)

개화 자금조달
당오전(온건)
VS
[일] 차관(급진)

개화기구
우정국(우편, 84) | 갑신정변
박문국(인쇄, 83) | 한성순보
전환국(화폐, 83) | 당오전
기기창(무기, 83) | 영선사

갑신정변(84)

배경
- 일본차관 도입 실패
- 청프 전쟁
  └ 청군 1/2 철수
- 일본공사관 지원약속
  └ 다케조 공사 cf) 미우라 공사(을미사변)

전개
우정국 개국 축하연 이용
14개조 개혁정강 발표

1조. 대원군을 즉시 환국시킬 것 (조공 허례는 폐지)
2조. 문벌을 폐지하여 인민 평등권을 제정
3조. 지조법을 개혁할 것
7조. 규장각·혜상공국 폐지할 것
8조. 급히 순사(巡査)를 두어 도둑을 막을 것
12조. 재정은 모두 호조가 관할할 것
13조. 대신과 참찬은 의정부에 모여 정령을 의결하고 반포할 것
14조. 의정부와 6조 외에 불필요한 관청은 혁파할 것

[청] 군사개입 (삼일천하)

결과
- 청의 간섭 심화
- 급진개화파 몰락

조-일 | 청-일
한성 조약(84) | 톈진 조약(85)
공사관 신축비용 | 양국 공동철군, 군 개입시 통보
 | └ 청일전쟁 불씨

갑신정변 이후 정세

대외적
[청] 내정간섭↑
 ⇒ 조·러 비밀 협약 추진
[영] 거문도 점령(러 견제)
 ⇒ 중립화론(부들러·유길준)

대내적
- 동도서기 개화
- 전신, 광혜원, 열등
  └ 한성전보총국 └ 경복궁

빈칸 채우기
(1880년대 개화정책에 대한 반발[임오군란·갑신정변])

□□□□(82.6)

배경

□□□□ 차별대우	도시 민중 불만
└2군영(□□□·□□□)	└강화도 조약 이후 쌀값↑

전개

- 선혜청 당상 민겸호 살해
- □□□ 재집권
  └□□□□□□·별기군 X →□□□ 부활

[□] 군사개입 (대원군 [□] 압송)

결과

조-일		조-청	
□□□ 조약	조[일] 수호 조규 속약	□□□□ / □□□□ 장정	□□ 파견
-□□□ / □□ 주둔	내지통상 가능	-□□□□ 가능 / -조선=□의□□	[군] 위안스카이 [정] 마젠창 [외] □□□□□

- 공사관 신축비용X

□□□□ 장정(83)

- □□□□
- 3有
  └유항세·유관세 (□□□(□))—□□□(89)

3차 수신사[일], 82)

- □□□□□ 배상금
- □□□□ (최초 태극기)

개화 자금조달

□□□(온건)
VS
[일]□□(급진)

개화기구

□□□(우편, 84)	갑신정변
□□□(인쇄, 83)	한성순보
□□□(화폐, 83)	□□□
□□□(무기, 83)	영선사

□□□□(84)

배경

-□□□□ 도입 실패	-□□ 전쟁 └청군 1/2 철수	-□□□□□□지원약속 └□□□공사 cf)□□□공사(을미사변)

전개

- □□□ 개국 축하연 이용
- (□□□ 개혁정강 발표)

1조. □□□을 즉시 환국시킬 것 (□□□□는 폐지)
2조. □□을 □□하여 인민 평등권을 제정
3조. □□□을 개혁할 것
7조. 규장각·□□□□ 폐지할 것
8조. 급히 순사(巡査)를 두어 도둑을 막을 것
12조. 재정은 모두 □□가 관할할 것
13조. □□과 □은 □□□에 모여 정령을 의결하고 반포할 것
14조. 의정부와 6조 외에 □□□한 □□은 혁파할 것

□ 군사개입 (□□천하)

결과

- □의 간섭 심화
- □□ 개화파 몰락

조-일	□-□
□□ 조약(84)	□□ 조약(85)
공사관 □□□□	양국 □□□□, 군 개입시 통보 └□□□□ 불씨

□□□□ 이후 정세

대외적

[□] 내정간섭↑
⇒ 조·러 비밀 협약 추진
[□] □□□ 점령(러 견제)
⇒ □□□□(부들러·유길준)

대내적

- 동도서기 개화
- 전신, □□□, □□
  └□□□□총국 └경복궁

동학농민운동(94)

1894

(1月) 고부민란(조병갑의 학정)
(3月) 1차 봉기(4대강령·백산격문)
└안핵사 이용태 횡포
(4月) 황토현·황룡촌 전투 승리 → 전주성 점령
(5月) 청·일군대 파병(5.5~6) → 전주 화약(5.8)

폐정개혁 12개조

(6月) 집강소·교정청
└농민·정부 주도 개혁기구
→ 일본의 경복궁 침입(6.21)
→ 청일전쟁(6.23)
→ 군국기무처(교정청 폐지)
└일본 주도 개혁기구
(7月) 1차 갑오개혁(내정 간섭)
(9月) 2차 봉기(남·북접 논산 집결)
└전봉준·손병희
(11月) 우금치 전투 패배

5조. 노비문서 소각, 과부의 개가 허용
6조. 7종의 천인 차별 개선, 백정의 평량갓 폐지
8조. 무명잡세 폐지
9조. 지벌 타파로 인재 등용
10조. 왜와 통하는 자 처벌
11조. 공사채 무효
12조. 토지평균 분작

1조. 청에 의존하지 말고 자주 독립의 기초 마련
4조. 왕실 사무와 국정사무를 혼동×
6조. 납세는 법으로 규정
7조. 조세의 과세·징수 및 경비 지출은 탁지아문에서 관할
10조. 우수한 젊은이들을 파견, 외국문물 익히게 할 것
└외국어 학교, 서유견문(95, 유길준)
14조. 문벌을 가리지 않고 인재 등용

갑오·을미개혁(94~95)

1차 김홍집 내각 (군국기무처)

1차 갑오개혁(94.6.25)		
[정] 연호(개국)	[경] 재정일원화(탁지아문)	[사] 신분제·과거제 폐지 └공사노비 폐지

청일 전쟁 일본 우세

2차 김홍집·박영효 연립내각 (군국기무처×)

2차 갑오개혁(94.12)		
[정] 8도 → 23부	[사] 근대적 재판소, 교육입국조서 └한성사범학교	[군] 훈련대·시위대

홍범14조

시모노세키 조약(95.4)

↓

삼국간섭(요동반도 반환) ── 친러내각

↓

을미사변(95.8)

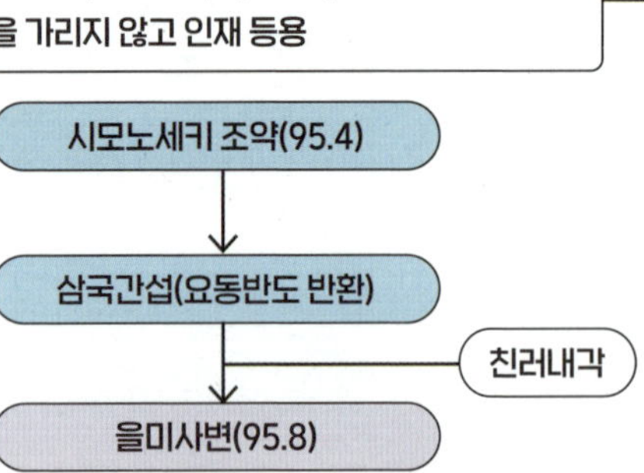

을미의병(95)

1895

– 을미사변·단발령 반발
– 양반 의병장(유인석·이소응), 동학 잔여세력 가담
– 고종 해산권고로 해산
– 활빈당으로 계승

을미개혁(95.8)

[정] 연호(건양)	[사] 태양력,단발령,소학교	[군] 친위대·진위대

아관파천(96)

정동구락부 주도, 러시아의 영향력 강화

2조. 외국과의 이권에 관한 조약은 각 대신과 중추원(의회) 의장이 합동 날인하여 시행 할 것
3조. 재정은 탁지부에서 전관할 것, 예산과 결산은 국민에게 공포할 것
4조. 중대 범죄는 공개 재판하되 피고의 인권을 존중할 것

대한제국(97.10) [구본신참]

1896~1899

[정] 환궁(경운궁) → 연호(광무) → 황제즉위식(원구단)
[경] 양지아문 → 지계아문, 내장원(홍삼 판매)
└양전   └양전+지계/ 러·일 전쟁 중 중단
[문] 철도·전차 부설
└서대문~청량리

대한국국제 선포
(황제의 무한 권력, 만국공법 99)

↓

자주국

– 원수부(황제가 군 통솔)
– 한청통상조약(청과 대등)
– 북간도 관리사(이범윤) 파견
– 울릉도 울도군 승격(칙령 41호)

독립협회(96.7)

독립신문(서재필) → 독립협회 → 독립문

만민공동회(98.3)

반러활동 전개 e.g) 절영도 조차 저지·한러은행 X

↓ + 박정양 진보내각

관민공동회(98.10)

백정 박성춘 연설

헌의6조 **의회설립운동**

↓ +중추원 관제 공포

정부

황국협회 동원 → 해산(98.12) → 대한국국제(99)

[1894] 동학농민운동(94)

(1月) 고부민란(조병갑의 학정)
(3月) 1차 봉기(4대강령·□□격문)
 └□□□ 이용태 횡포
(4月) □□□·□□□ 전투 승리 → □□□ 점령
(5月) □·□군대 파병(5.5~6) → □□화약(5.8)

(폐정개혁 □개조)

(6月) □□□·□□□
 └농민·정부 주도 개혁기구
 → 일본의 □□□ 침입(6.21) → □□전쟁(6.23)
 → □□□□□(교정청 폐지)
 └일본 주도 개혁기구
(7月) 1차 □□□□(내정 간섭)
(9月) 2차 봉기(남·북접 □□ 집결)
 └전봉준·손병희
(11月) □□□ 전투 패배

□□의병(95)

- □□사변·□□□ 반발
- 양반 의병장(□□□·이소응), □□ 잔여세력 가담
- 고종 □□□□로 해산
- 활빈당으로 계승

대한제국(97.10) [□□□□□]

[정] 환궁(□□□) → 연호(□□)
 → 황제즉위식(□□□)
[경] □□아문 → □□아문, □□□(홍삼 판매)
 └양전   └양전+지계 / □·□ 전쟁 중 중단
[문] 철도·□□□ 부설
 └서대문~청량리

(□□□□□ 선포(황제의 무한 권력, 만국공법 99))

↓

자주국

- □□□(황제가 군 통솔)
- □□□□ 조약(청과 대등)
- □□□ 관리사(이범윤) 파견
- 울릉도 □□□ 승격(칙령 41호)

5조. □□□□ 소각, 과부의 □□ 허용
6조. 7종의 천인 차별 개선, 백정의 □□□ 폐지
8조. □□잡세 폐지
9조. □□ 타파로 □□ 등용
10조. □와 통하는 자 처벌
11조. 공사채 무효
12조. □□□□ 분작

1조. □에 □□□□ 말고 □□□□의 기초 마련
4조. □□ 사무와 □□사무를 혼동×
6조. 납세는 법으로 규정
7조. 조세의 과세·징수 및 경비 지출은 □□□□에서 관할
10조. 우수한 젊은이들을 파견, □□□□ 익히게 할 것
 └외국어 학교, □□□□(95, 유길준)
14조. □□을 가리지 않고 □□ 등용

(□□□□□ 조약(95.4))

↓

(□□□□(요동반도 반환))

↓ ── 친러내각

(□□□□(95.8))

을미개혁(95.8)

[정] 연호(□□)	[사] □□□, □□□, 소학교	[군] 친위대·□□□

□□□□(96)
□□□□ 주도, □□□의 영향력 강화

2조. □□□□□에 관한 조약은 각 대신과
 □□□(의회) 의장이 합동 날인하여 시행 할 것
3조. 재정은 □□□에서 전관할 것, □□과 □□은 국민에
 게 공포할 것
4조. 중대 범죄는 공개 재판하되 □□□ □□을 존중할 것

갑오·을미개혁(94~95)

1차 김홍집 내각 (□□□□□)

1차 갑오개혁(94.6.25)

[정] 연호 (□□)	[경] □□□□□ (탁지아문)	[사] 신분제·□□□ 폐지 └□□□□ 폐지

(청일 전쟁 일본 우세)

2차 김홍집·□□□ 연립내각 (□□□□□×)

2차 갑오개혁(94.12)

[정] 8도 → □□	[사] 근대적 □□□, □□□□조서 └한성사범학교	[군] 훈련대·시위대

(□□□□)

□□□□(96.7)

□□□□(서재필) → 독립협회 → □□□

□□□□□(98.3)
반러활동 전개 e.g) □□□ 조차 저지·한러은행 X
 ↓ +□□□ 진보내각
□□□□□(98.10)
백정 □□□ 연설

(□□□□) 의회설립운동

 ↓ +□□□ 관제 공포

정부

□□□□ 동원 → 해산(98.12) → □□□□□□(99)

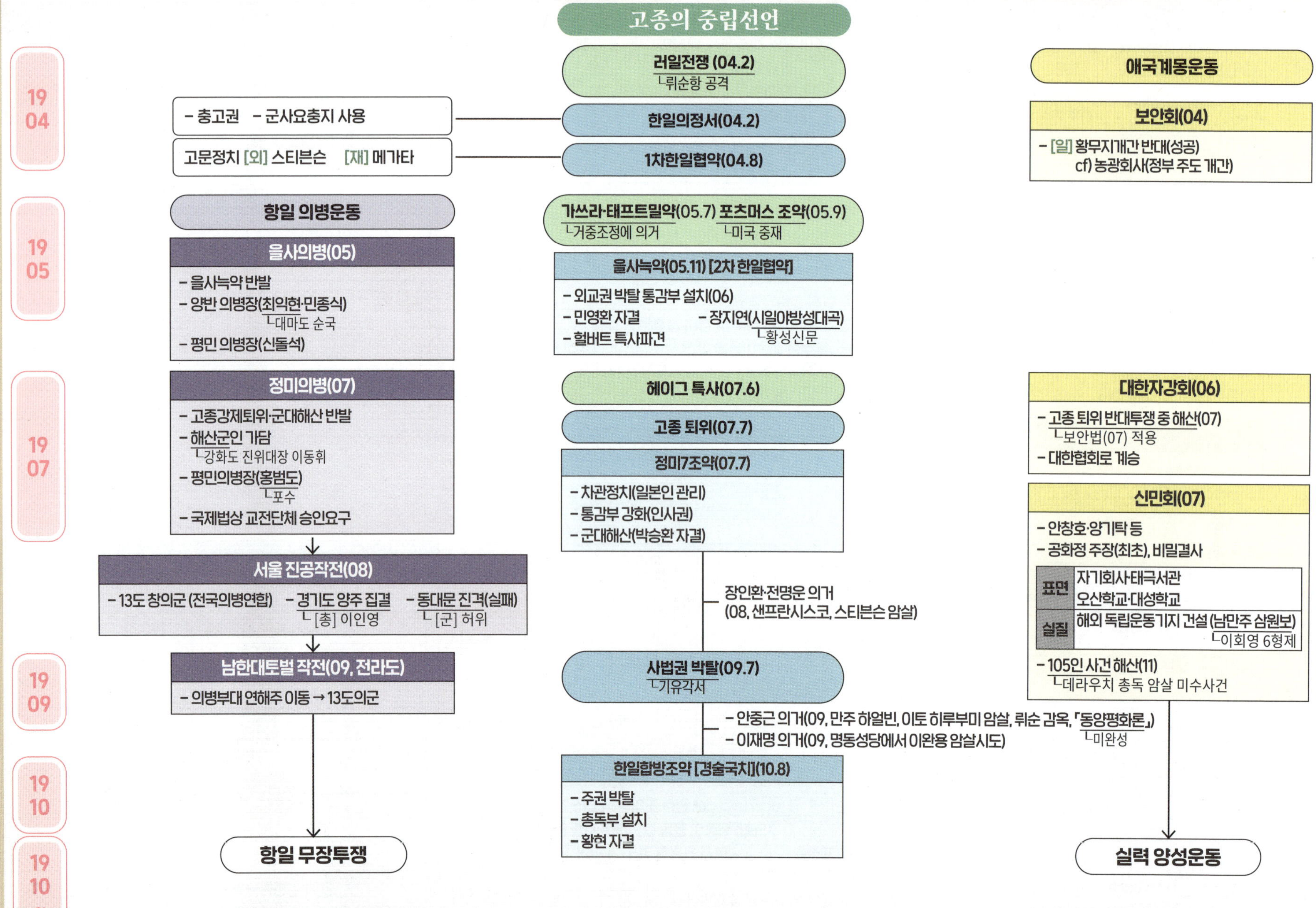
고종의 중립선언
러일전쟁 (04.2)
└ 뤼순항 공격
한일의정서(04.2)
1차한일협약(04.8)
가쓰라·태프트밀약(05.7)
└ 거중조정에 의거
포츠머스 조약(05.9)
└ 미국 중재
을사늑약(05.11) [2차 한일협약]
- 외교권 박탈 통감부 설치(06)
- 민영환 자결
- 헐버트 특사파견
- 장지연(시일야방성대곡)
└ 황성신문
헤이그 특사(07.6)
고종 퇴위(07.7)
정미7조약(07.7)
- 차관정치(일본인 관리)
- 통감부 강화(인사권)
- 군대해산(박승환 자결)
장인환·전명운 의거
(08, 샌프란시스코, 스티븐슨 암살)
사법권 박탈(09.7)
└ 기유각서
- 안중근 의거(09, 만주 하얼빈, 이토 히루부미 암살, 뤼순 감옥, 「동양평화론」)
- 이재명 의거(09, 명동성당에서 이완용 암살시도)
한일합방조약 [경술국치](10.8)
- 주권 박탈
- 총독부 설치
- 황현 자결

충고권 - 군사요충지 사용
고문정치 [외] 스티븐슨 [재] 메가타
항일 의병운동
을사의병(05)
- 을사늑약 반발
- 양반 의병장(최익현·민종식)
└ 대마도 순국
- 평민 의병장(신돌석)
정미의병(07)
- 고종강제퇴위·군대해산 반발
- 해산군인 가담
└ 강화도 진위대장 이동휘
- 평민의병장(홍범도)
└ 포수
- 국제법상 교전단체 승인요구
서울 진공작전(08)
- 13도 창의군 (전국의병연합)
- 경기도 양주 집결
└ [총] 이인영
- 동대문 진격(실패)
└ [군] 허위
남한대토벌 작전(09, 전라도)
- 의병부대 연해주 이동 → 13도의군
항일 무장투쟁

애국계몽운동
보안회(04)
- [일] 황무지개간 반대(성공)
cf) 농광회사(정부 주도 개간)
대한자강회(06)
- 고종 퇴위 반대투쟁 중 해산(07)
└ 보안법(07) 적용
- 대한협회로 계승
신민회(07)
- 안창호·양기탁 등
- 공화정 주장(최초), 비밀결사
표면 | 자기회사·태극서관 / 오산학교·대성학교
실질 | 해외 독립운동기지 건설 (남만주 삼원보)
└ 이회영 6형제
- 105인 사건 해산(11)
└ 데라우치 총독 암살 미수사건
└ 미완성
실력 양성운동

1904 1905 1907 1909 1910 1910~

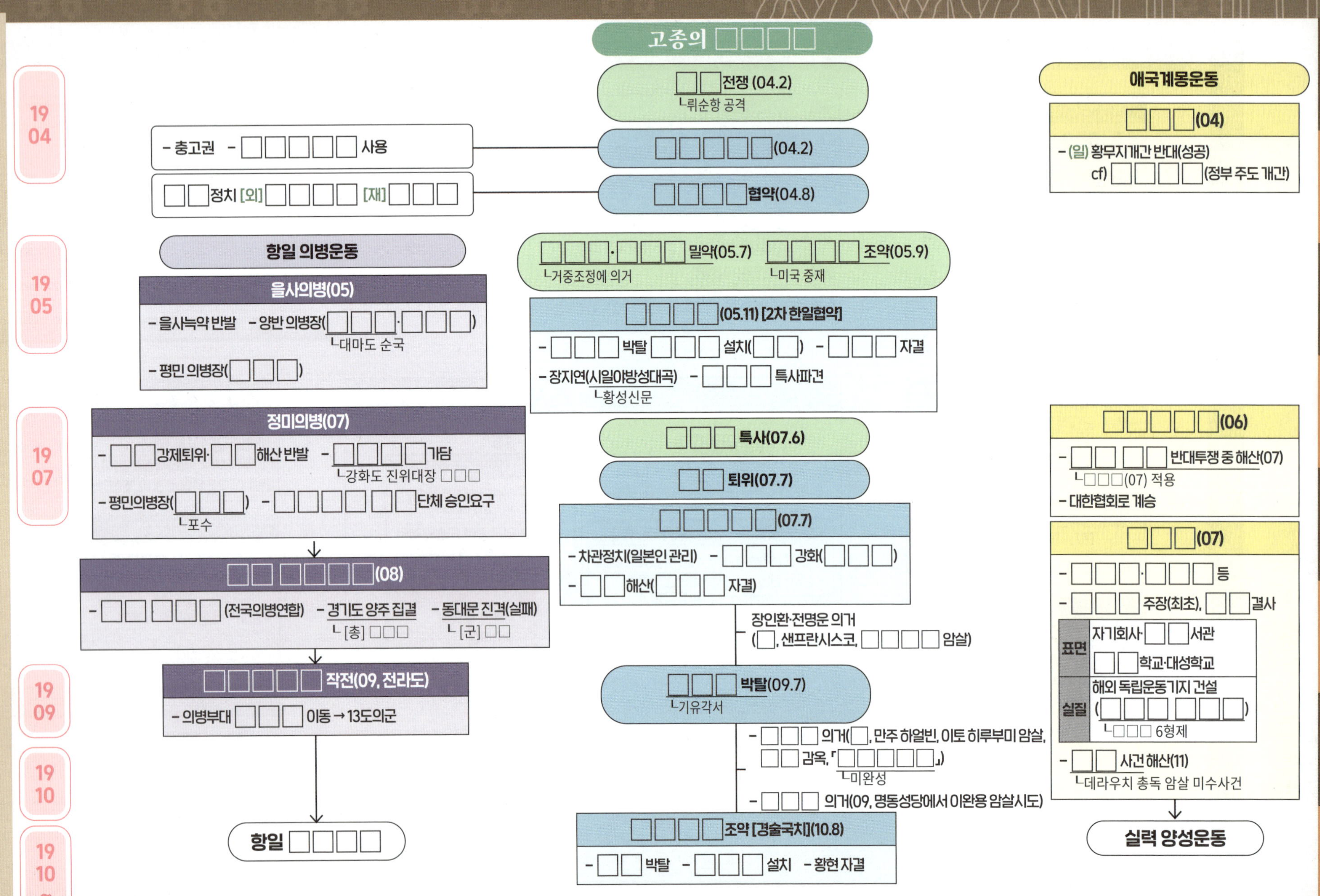
고종의 □□□□

1904

□□전쟁 (04.2)
└뤼순항 공격

- 충고권 - □□□□□ 사용

□□□□□(04.2)

□□정치 [외]□□□□ [재]□□□

□□□□협약(04.8)

애국계몽운동

□□□(04)
- (일) 황무지개간 반대(성공)
  cf) □□□□(정부 주도 개간)

항일 의병운동

1905

을사의병(05)
- 을사늑약 반발   - 양반 의병장(□□□·□□□)
                        └대마도 순국
- 평민 의병장(□□□)

□□□·□□□ 밀약(05.7)   □□□□ 조약(05.9)
└거중조정에 의거   └미국 중재

□□□□(05.11) [2차 한일협약]
- □□□ 박탈 □□□ 설치(□□) - □□□ 자결
- 장지연(시일야방성대곡) - □□□ 특사파견
  └황성신문

정미의병(07)

1907

- □□ 강제퇴위·□□ 해산 반발 - □□□□ 가담
                              └강화도 진위대장 □□□
- 평민의병장(□□□) - □□□□□□ 단체 승인요구
  └포수

□□□ 특사(07.6)

□□ 퇴위(07.7)

□□□□□(07.7)
- 차관정치(일본인 관리) - □□□ 강화(□□□)
- □□해산(□□□ 자결)

장인환·전명운 의거
(□, 샌프란시스코, □□□□ 암살)

□□□□□□(06)
- □□□□ 반대투쟁 중 해산(07)
  └□□□(07) 적용
- 대한협회로 계승

□□□□(07)
- □□□·□□□ 등
- □□□ 주장(최초), □□ 결사
표면 자기회사 □□서관
      □□학교·대성학교
실질 해외 독립운동기지 건설
      (□□□□□□)
      └□□□ 6형제
- □□ 사건 해산(11)
  └데라우치 총독 암살 미수사건

□□□□ □□□□(08)
- □□□□□(전국의병연합) - 경기도 양주 집결 - 동대문 진격(실패)
  └[총]□□□   └[군]□□

□□□ 박탈(09.7)
└기유각서
- □□□ 의거(□, 만주 하얼빈, 이토 히루부미 암살,
  □□ 감옥, 「□□□□□□」)
  └미완성
- □□□ 의거(09, 명동성당에서 이완용 암살시도)

□□□□□ 작전(09, 전라도)

1909

- 의병부대 □□□ 이동 → 13도의군

1910

□□□□ 조약 [경술국치](10.8)
- □□ 박탈 - □□□ 설치 - 황현 자결

실력 양성운동

1910
~

항일 □□□□

14 1910년대 일제의 무단통치와 국내외 독립운동

(기지건설, 결사운동)

1910 한일병합

일제의 식민통치

식민통치

무단통치

- 조선 총독부
  └only 무관
- 중추원(총독부 자문 → 법령·풍속 연구)
  └소집 X
- 헌병 경찰제, 칼찬 교사
- 조선태형령(12~20), 경찰범 처벌 규칙
  └only 조선인

1차 조선교육령(11)

- 보통학교 수업연한(4년)
- 서당규칙(18)

경제침탈

토지조사사업(12~18)

- 명분 : 근대적 토지소유권 확립
  └최초는 양전·지계 사업
- 목적 : 토지약탈(only 농지), 지세확보
  └토지조사령(12) └지세령(18)
- 방법 : 기한 내에 지목·지적·결수 신고
- 결과 : 경작권 부정 → 기한부 소작농, 토지약탈(미신고·왕실·문중 땅)
  └궁장토

산업 침탈

- 회사령(10, 허가제)
- 어업령·삼림령·광업령(15)
- 조선식산은행(18)

(국외) 기지건설

만주&연해주

구분	서간도(삼원도)	북간도	연해주(블라디보스톡)
단체	경학사(이회영) → 부민단	- 중광단 (09, 대종교) - 간민회	- 권업회(11, 이상설) → 대한광복군정부(14, 이상설) └최초의 임시정부 - 전로한족회 중앙총회(17) → 대한국민의회(19, 손병희)
교육	신흥강습소(11) → 신흥무관학교(19)	서전서숙 (06, 이상설) → 명동학교 (08)	해조신문 └해외 최초 일간신문
마을	신한민촌 (이회영)	-	신한촌
군대	서로군정서 (지청천)	북로군정서 (김좌진)	13도의군 (10, 유인석·이상설)

관내&미주

중국

동제사(12)
신규식, 상해

대동보국단(15)

- 신규식·박은식
- 잡지 「진단」

신한청년당(18)

- 신규식·김규식, 상해
- 파리 강화회의 김규식 파견
  └3.1운동 이전

미주

- 우리나라의 공식이민(by 대한제국)
  └사진결혼

대한인국민회(10)

- 이승만·안창호·박용만, 샌프란시스코
- 외교 중심, 이승만 장악

조선국민 군단(14)

- 박용만, 하와이
- 무장투쟁

(국내) 비밀결사

국내비밀결사

독립의군부(12)	대한광복회(15)
- 임병찬(고종 밀지) - 복벽주의 - 국권반환요구서 제출 (사전발각 → 해산)	- 박상진·김좌진 - 공화주의 - 의병운동(풍기광복단) + 애국계몽(조선국권회복단) - 친일파 처단·군자금 모금 └행형부 - 만주에 사관학교 설립 시도

송죽회(여교사)

1918 1차 대전 종료(18) 후 패전국 식민지 독립

3.1운동(19)

배경

- [상해] 대동단결선언(17, 공화주의)
- [파리] 김규식 파견(19)
- [만주] 대한[무오]독립선언(18, 폭력)
- [일] 2.8 독립선언(19, 조선청년 독립단)

전개

- 고종 인산일 cf) 6.10만세운동(순종 인산일)
- 민족대표(태화관) + 학생들(탑골공원)
  └기미독립선언서
- 도시→농촌, 비폭력 → 폭력
  └제암리 학살(스코필드)
- 승전국 식민지에서 일어난 최초의 민족운동

결과(20년대)

국내	무단통치 → 문화통치
관내	임시정부 수립
만주	무장 투쟁 활성화

※ 강우규 의거(19, 남대문역, 사이토 총독 암살 시도)
└대한국민 노인동맹단(박은식)

19 10 · 한일병합

일제의 식민통치

식민통치

무단통치

- 조선 □□□
  └only 무관
- □□□
  └□□ X
  (총독부 □□ → 법령·풍속 연구)
- □□ 경찰제, □□ 교사
- □□□□□ (12~20),
  └only 조선인
  경찰범 처벌 규칙

1차 조선교육령(11)
- □□□□ 수업연한(□□)
- 서당규칙(18)

경제침탈

토지조사사업(12~18)

- 명분 : 근대적 토지소유권 확립
  └최초는 □□·□□ 사업
- 목적 : □□□□(only 농지),
  └토지조사령(12)
  □□□□
  └지세령(18)
- 방법 : 기한 내에 □□·□□·□□ 신고
- 결과 : □□□ 부정
  → 기한부 소작농, 토지약탈
  (□□□·왕실·□□ 땅)
  └□□□

산업 침탈

- □□□(10, □□□)
- 어업령·삼림령·□□□(15)
- 조선 식산 은행(18)

(국외) □□□□

만주&연해주

구분	□□□(삼원도)	북간도	연해주(블라디보스톡)
단체	□□□(□□□) → 부민단	- □□□ (09, □□□) - 간민회	- 권업회(11, 이상설) → □□□□□□□ (14, 이상설) └최초의 임시정부 - 전로한족회 중앙총회(17) → □□□□□□ (19, □□□)
교육	□□□□□(11) → 신흥무관학교(19)	□□□ (06, □□□) → 명동학교(08)	해조신문 └해외 최초 일간신문
마을	신한민촌 (이회영)	–	□□□
군대	서로군정서 (지청천)	□□□□□ (김좌진)	□□□□ (10, 유인석·이상설)

관내&미주

중국

□□□(12)
신규식, 상해

□□□□ (15)
- 신규식·□□□
- 잡지「□□」

□□□□ (18)
- 신규식·김규식, 상해
- 파리 강화회의
  □□□ 파견
  └□□□□ 이전

미주

- 우리나라의 공식이민(by 대한제국)
  └사진결혼

□□□□□(10)
- 이승만·안창호·박용만, 샌프란시스코
- 외교 중심, 이승만 장악

□□□(14)
- 박용만, 하와이
- □□ 투쟁

(국내) □□□□

국내비밀결사

□□□□□(12)
- 임병찬(□□ 밀지)
- □□□□
- 국권반환요구서 제출
  (사전발각 → 해산)

□□□□□(15)
- □□□·김좌진
- □□주의
- 의병운동(풍기광복단) + 애국계몽
  (조선국권회복단)
- 친일파 처단·군자금 모금
  └□□□
- 만주에 □□□□
  설립 시도

□□□(여교사)

1918 — 1차 대전 종료(18) 후 패전국 식민지 독립

배경

[상해] □□□□ 선언(17, 공화주의)
[파리] □□□ 파견(19)
[만주] □□ [무외]□□ 선언(18, □□)
[일] □□□□ 선언
(19, □□□□□)

3·1운동(19)

전개

- □□ 인산일 cf) 6.10만세운동(□□ 인산일)
- 민족대표(□□□) + 학생들(□□□□)
  └□□ 선언서
- 도시→농촌, 비폭력 → 폭력
  └□□□ 학살 (스코필드)
- 승전국 식민지에서 일어난 최초의 민족운동

결과(20년대)

국내	무단통치 → □□□□
관내	□□□□ 수립
만주	무장 투쟁 활성화

※ □□□ 의거(19, 남대문역, □□□ 총독 암살 시도)
  └대한국민 노인동맹단(□□□)

1920년대 일제의 문화통치와 국내외 독립운동
(실력양성·계급·계층, 좌우합작, 무장투쟁·의거·임시정부)

1919

일제의 식민통치

[식민통치]

문화통치 (민족분열 + 친일파 양성)

- 문관 총독 임명규정 (이행 X)
- **보통경찰제** (but 경찰수 ↑)
- 도 평의회, 부·면 협의회 → 부분자치
  └ but 일부 자산가·친일파
- 조선·동아일보 창간(20)
  └ but 검열·정간
- 치안유지법(25~45)
  └ 체제부정, 사회주의

2차 조선교육령(22~38)
- 보통학교 수업연한(6년)
  └ 일본식학제와 동일
- 조선어 필수과목
- 대학 허용

[3·1 운동]

[경제침탈]

산미증식계획(20~34)
- 배경 : 일본의 공업화
- 방법 : 종자개량, 비료, 수리시설
  └ 비용을 농민에게 전가
- 결과 : 쌀 생산↑,
  증산량 < 수탈량
  └ 1인당 쌀소비↓, 만주잡곡 수입↑

산업 침탈
- 회사령 철폐(20, 신고제)
- 연초전매령(21)
- 관세 철폐(23)
- 신은행령(28)

국외 독립운동 (무장투쟁·의거·임시정부)

[만주]

만주 무장투쟁

[짧은 영광]

봉오동 전투(20.6)
홍범도, 대한독립군
└ ← 훈춘사건

청산리 전투(20.10)
- 김좌진, 북로군정서+α
- 고동하·어랑촌·천수평·백운평

[긴 시련]
- **[일]** 간도 참변(20, 경신참변)
  → 밀산부 한흥동(만주) 이동,
  대한독립군단(서일) 결성
  → 러시아 이동
- **[러]** 자유시 참변(21)
  → 3부 결성(참의·정의·신민부)
  └ 민정·군정조직 갖춤 └ 김좌진
- **[중]** 미쓰야 협정(25)
  └ 재만한인 단속방법에 관한 협약

[3부 통합운동]

혁신의회(28)
- 북만주
- 한국독립당·군(30)

국민부(29)
- 남만주
- 조선혁명당·군(29)

[관내]

의열단 의거활동

[성립]
- 김원봉(19.11)
- 신채호「조선혁명선언」(23, 민중 폭력)
  └ 김원봉 요청

[군대]
- 황포군관학교에서 훈련(26)
- 조선혁명간부학교 설립(32)

[의거활동]
- 김익상(21) — 조선총독부
- 김상옥(23) — 종로경찰서
- 김지섭(24) — 이중교 의거(도쿄 궁성)
- 나석주(26) — 동양척식주식회사 / 조선식산은행

임시정부 외교활동

[성립]
- 한성 정부의 정통성 계승, 상하이에 위치
  └ 13도 대표
- **[大]** 이승만 · **[총리]** 이동휘
  └ 1차 개헌(19.9)
- **연통제**(행정)·**교통국**(정보) → 애국공채
- **[외교]** 파리위원부(김규식), 구미위원부(이승만)
- **[문화]** 임시사료편찬소, 독립신문(국한문혼용)
  └ 한일관계사료집(한국독립운동지 혈사)

[개편]
- 25. 이승만 탄핵 → 국무령제
  └ 2차 개헌
- 27. 국무위원 집단지도체제
  └ 3차 개헌

[위기]
- 연통제·교통국 와해(21)

외교 vs 무장투쟁
위임통치 청원서	VS	군사통일 주비회 (베이징)
(19.2, 이승만)		(21, 신채호·박용만)

국민대표회의(23.1~23.6)
- 박은식 발의
- 창조파(신채호) VS 개조파(안창호)
- 결렬 → 창조·개조파 이탈

국내 독립운동 (실력양성, 계급·계층)

[실력양성운동]

산업	교육
물산장려운동(20)	**민립대학 설립운동(22)**

산업
- 평양(조만식) → 서울
  └ 조선물산장려회
- 자작회(22, 학생)
- 토산애용부인회(23, 여성)

교육
- 민립대학 기성회(23)
  └ 모금운동(1천만이 1원)
- 가뭄·홍수로 실패
- 일본 회유책
  → 경성제국대학(24)

민족주의
이광수「민족적 경륜」(24, 동아일보)
- 비타민
- 타민

[계급·계층운동]

쟁의투쟁
- **암태도 소작쟁의**(23, 성공)
- 조선노농총동맹(24)
- **원산노동자 총파업**(29, 실패)
  └ 국제 격려전문

계층운동
- 청년운동 : 조선청년총동맹(24)
- 소년운동 : 어린이날(23)
  └ 천도교(방정환)
- 형평운동 : **조선형평사**(진주, 23)
- 여성운동 : 근우회(27, 좌우합작)
  └ 조선여성의 단결과 지위 향상
- 학생운동 : 6.10만세운동(26), 광주학생항일운동(29)

1925 치안유지법(25)

[좌우합작운동]

신간회(27~31)
- 일제 치하 최대 합법 단체 (비타민+사회주의자)
- 배경 : **6.10 만세운동**(26.6), 정우회 선언(26.11)
  └ 순종 인산일, 조선공산당+천도교 기획
  ※ 조선민흥회(서울청년회+물산장려회)
- 강령 : ① 민족단결 ② 기회주의자 배격
  ③ 정치·경제적 각성 촉구
- 활동 : **광주학생 항일운동**(29) 진상조사단 파견
  └ 3.1 운동 이후 최대
- 해소 : 민중대회 사건 → 지도부 우경화
  └ 사전 발각

19 19 / **3·1 운동**

일제의 식민통치

[식민통치]

문화통치(□□□□ + □□□ 양성)
- 문관 총독 임명규정(이행 X)
- □□□□□□(but 경찰수 ↑)
- 도□□□, 부·면 □□□
  └ but 일부 자산가·친일파 → 부분자치
- □□·□□일보 창간(20)
  └ but 검열·정간
- □□□□□□(□~□)
  └ 체제부정, 사회주의

2차 조선교육령(22~38)
- □□□□□ 수업연한(6년)
  └ 일본식학제와 동일
- □□ 필수과목
- □□ 허용

□□□□□□(20~34)
[경제침탈]
- 배경 : 일본의 □□□
- 방법 : 종자개량, 비료, □□□□
  └ 비용을 농민에게 전가
- 결과 : 쌀 생산↑, 증산량 < □□□
  └ 인당 쌀소비↓, □□□□ 수입↑

산업 침탈
- □□□ 철폐(□, □□□□)
- 연초 전매령(21)
- □□□ 철폐(23)
- 신은행령(28)

국외 독립운동 (무장투쟁·의거·임시정부)

[만주]

□□ 무장투쟁

짧은 영광
- □□ 전투(20.6)
  - □□□, □□□
  └ ← □□ 사건
- □□ 전투(20.10)
  - □□, □□
  - □□ □□□ +α
- 고동하 ·천수평·백운평

긴시련
- [일] □□ 참변(20, □□ 참변)
  → 밀산부 한흥동(만주) 이동, □□□(서일) 결성
  → 러시아 이동
- [러] □□ 참변(21)
  → □□ 결성
  └ 민정·군정조직 갖춤
  (참의·정의·□□)
  └ 김좌진
- [중] □□□(□) 재만한인 단속방법에 관한 협약

운동
- □□□□ (28)
  - 북만주
  - 한국독립당·군(30)
- □□ (29)
  - 남만주
  - 조선혁명당·군(29)

□□□ 의거활동

① 성립
- □□□(19.11)
- □□□ 「□□□□ 선언」
  └ 김원봉 요청
  (23, □□)
③ 군대
- □□□□ 학교에서 훈련(26)
- □□□□□ 학교 설립(32)

② 의거활동
- □□(21) 조선총독부
- □□(23) 종로경찰서
- □□(□) □□□ 의거(도쿄 궁성)
- □□(□) □□□□□ 주식회사
- 조선식산은행

□□□□ 외교활동

[관내]

① 성립
- □□ 정부의 정통성 계승, 상하이에 위치
  └ □□ 대표
- [大] □□□ · [총리] □□□
  └ 1차 개헌(19.9)
- □□□(행정)·교통국(정보) → □□□□
- [외교] 파리위원부(김규식), □□□□□(이승만)
- [문화] 임시사료편찬소, □□□□(국한문혼용)
  └ □□□□□□□(한국독립운동지 혈사)
③ 개편
- □·□□□ 탄핵 → □□□□
  └ 2차 개헌
- □·국무위원 □□□□ 체제
  └ 3차 개헌

② 위기
- □□□·□□□□ 와해(21)
- □□ vs □□□□
  - 위임통치 청원서 (19.2, □□□) vs 군사통일 주비회(베이징) (21, □□□ ·박용만)
- □□□□ 회의 (23.1~23.6)
  - 박은식 발의
  - □□□(신채호) VS □□□(안창호)
  - 결렬 → 창조·개조파 이탈

국내 독립운동 (실력양성, 계급·계층)

[운동]

산업	교육
□□□□ 운동(20)	**□□□□ 설립운동(22)**
- □□(□□□□)→서울 └ 조선물산장려회 - □□□(22, 학생) 토산애용부인회(23, 여성)	- (□□□□□ 기성회(23) └ 모금운동(□□□□□□) - 가뭄·홍수로 실패 - 일본 회유책 → □□□□대학(24)

민족주의
이광수「□□□□□」(24, □□□□)
- 비타민
- 타민

쟁의투쟁
- □□□□ 소작쟁의(□, 성공)
- □□□□ 총동맹(□)
- □□□□□ 총파업(29, 실패)
  └ 국제 격려전문

계층운동
- 청년운동 : □□□□ 총동맹(24)
- □□운동 : 어린이날(23)
  └ □□□(방정환)
- □□운동 : **조선형평사**(진주, 23)
- 여성운동 : □□□(27, □□□□)
  └ 조선여성의 □□과 지위 향상
- 학생운동 : □·□ 만세운동(□), 광주학생항일운동(□)

1925 치안유지법(25)

[운동]

□□ (27~31)
- 일제 치하 최대 □□ 단체(□□□+사회주의자)
- 배경 : □□ 만세운동(26.6), □□□ 선언(26.11)
  └ 순종 인산일, 조선공산당+천도교 □□
  ※ 조선민흥회(서울청년회+물산장려회)
- 강령 : ① □□□□□□ ② □□□□□ 배격 ③ 정치·경제적 각성 촉구
- 활동 : □□□□ 항일운동(29) 진상조사단 파견
  └ 3.1 운동 이후 최대
- 해소 : □□□□ 사건 → 지도부 우경화
  └ 사전 발각

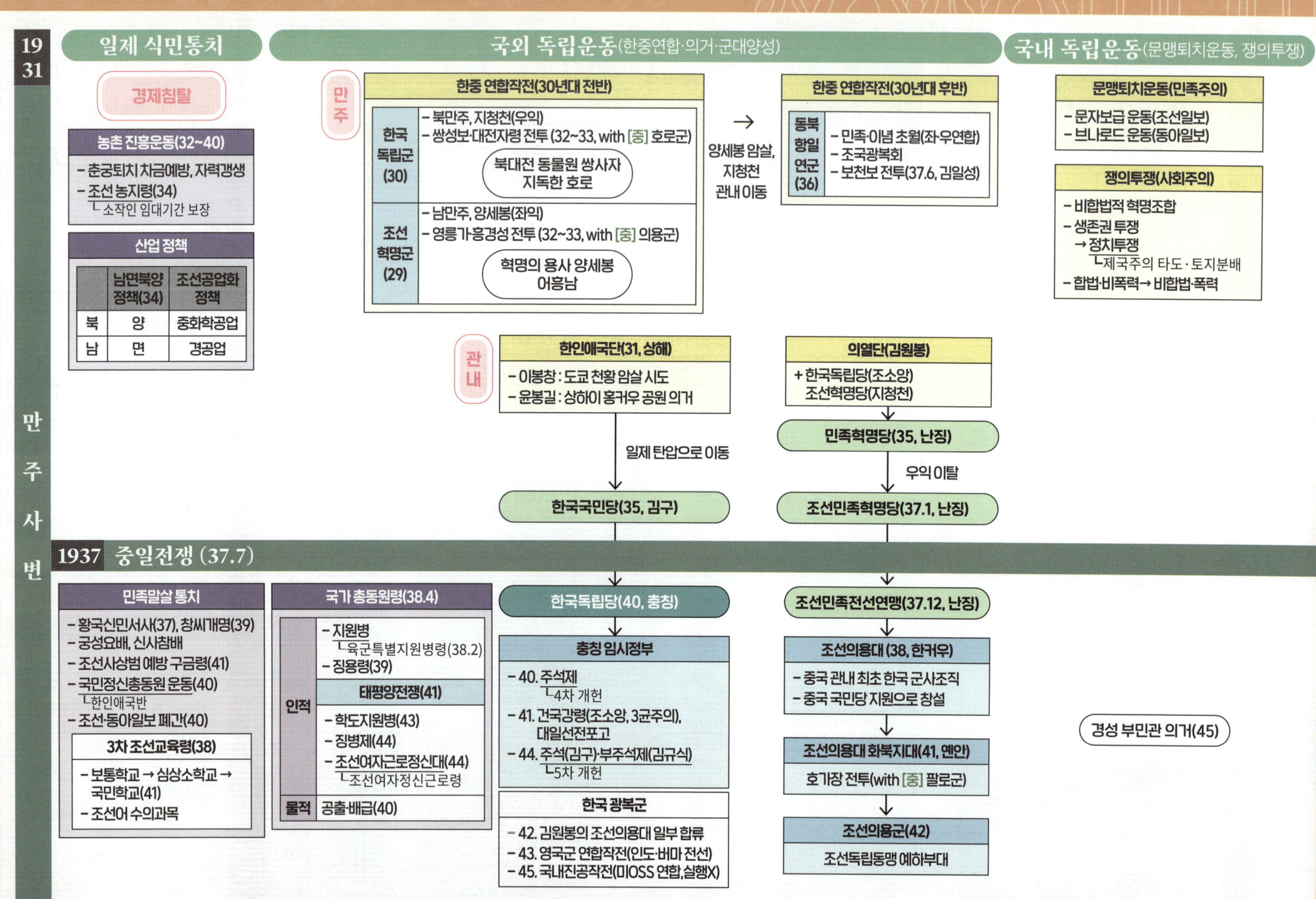
1931
일제 식민통치
국외 독립운동 (한중연합·의거·군대양성)
국내 독립운동 (문맹퇴치운동, 쟁의투쟁)

경제침탈
농촌 진흥운동(32~40)
- 춘궁퇴치 차금예방, 자력갱생
- 조선 농지령(34)
  └ 소작인 임대기간 보장

산업 정책
남면북양 정책(34) / 조선공업화 정책
북 / 양 / 중화학공업
남 / 면 / 경공업

만주
한중 연합작전(30년대 전반)
한국 독립군(30)
- 북만주, 지청천(우익)
- 쌍성보·대전자령 전투(32~33, with [중] 호로군)
북대전 동물원 쌍사자 지독한 호로
조선 혁명군(29)
- 남만주, 양세봉(좌익)
- 영릉가흥경성 전투(32~33, with [중] 의용군)
혁명의 용사 양세봉 어흥남

→ 양세봉 암살, 지청천 관내 이동

한중 연합작전(30년대 후반)
동북 항일 연군(36)
- 민족·이념 초월(좌·우연합)
- 조국광복회
- 보천보 전투(37.6, 김일성)

문맹퇴치운동(민족주의)
- 문자보급 운동(조선일보)
- 브나로드 운동(동아일보)

쟁의투쟁(사회주의)
- 비합법적 혁명조합
- 생존권 투쟁
  → 정치투쟁
    └ 제국주의 타도·토지분배
- 합법·비폭력 → 비합법·폭력

관내
한인애국단(31, 상해)
- 이봉창 : 도쿄 천황 암살 시도
- 윤봉길 : 상하이 홍커우 공원 의거
일제 탄압으로 이동

의열단(김원봉)
+ 한국독립당(조소앙)
  조선혁명당(지청천)
민족혁명당(35, 난징)
우익 이탈
조선민족혁명당(37.1, 난징)

한국국민당(35, 김구)

1937 중일전쟁(37.7)

민족말살 통치
- 황국신민서사(37), 창씨개명(39)
- 궁성요배, 신사참배
- 조선사상범 예방 구금령(41)
- 국민정신총동원 운동(40)
  └ 한인애국반
- 조선·동아일보 폐간(40)

3차 조선교육령(38)
- 보통학교 → 심상소학교 → 국민학교(41)
- 조선어 수의과목

국가 총동원령(38.4)
인적
- 지원병
  └ 육군특별지원병령(38.2)
- 징용령(39)
태평양전쟁(41)
- 학도지원병(43)
- 징병제(44)
- 조선여자근로정신대(44)
  └ 조선여자정신근로령
물적 공출·배급(40)

한국독립당(40, 충칭)
충칭 임시정부
- 40. 주석제
  └ 4차 개헌
- 41. 건국강령(조소앙, 3균주의), 대일선전포고
- 44. 주석(김구)·부주석제(김규식)
  └ 5차 개헌

한국 광복군
- 42. 김원봉의 조선의용대 일부 합류
- 43. 영국군 연합작전(인도·버마 전선)
- 45. 국내진공작전(미OSS 연합, 실행X)

조선민족전선연맹(37.12, 난징)
조선의용대(38, 한커우)
- 중국 관내 최초 한국 군사조직
- 중국 국민당 지원으로 창설
조선의용대 화북지대(41, 옌안)
호가장 전투(with [중] 팔로군)
조선의용군(42)
조선독립동맹 예하부대

경성 부민관 의거(45)

만주사변

1931

일제 식민통치

경제침탈

□□□□운동(32~40)
- □□□□□ □□□□, 자력갱생
- □□□□□(34)
  └ 소작인 임대기간 보장

산업 정책

	□□□□정책(34)	□□□□□정책
북	양	중화학공업
남	면	경공업

국외 독립운동 (한중연합·의거·군대양성)

□□□□작전(30년대 전반)

한국 독립군 (30)	- 북만주, □□□(우익) - □□□·대전자령 전투(32~33, with [중] 호로군) (북대전 동물원 □□□ □□□□□)
조선 혁명군 (29)	- □□□, 양세봉(좌익) - 영릉가·흥경성 전투(32~33, with [중] 의용군) (□□□ 용사 양세봉 □□□)

→ 양세봉 암살, □□□ 관내 이동

□□□□작전(30년대 후반)

□□□
□□□
□□□
(36)
- 민족·이념 초월(좌·우연합)
- 조국광복회
- □□□ 전투(37.6, 김일성)

국내 독립운동 (문맹퇴치운동, 쟁의투쟁)

□□□□운동(민족주의)
- □□□□운동(조선일보)
- □□□□운동(□□일보)

쟁의투쟁(사회주의)
- 비합법적 □□조합
- 생존권 투쟁
  → □□투쟁
    └ □□□□ 타도·토지분배
- 합법·비폭력 → 비합법·폭력

□□□□□(31, 상해)
- □□□ : 도쿄 천황 암살 시도
- □□□ : 상하이 홍커우 공원 의거

일제 탄압으로 이동 ↓

□□□□(35, 김구)

의열단(김원봉)
+ □□□□□(조소앙)
  □□□□(지청천)
↓
□□□□(35, 난징)
우익 이탈 ↓
□□□□□□(37.1, 난징)

1937 □□□□ (37.7)

민족말살 통치
- 황국신민서사(37), □□개명(39)
- □□요배, □□참배
- 조선사상범 예방 구금령(41)
- □□□□□□□운동(40)
  └ 한인애국반
- 조선·동아일보 폐간(40)

3차 조선교육령(38)
- 보통학교 → □□소학교 →
  □□□□□(□)
- 조선어 수의과목

국가 총동원령(38.4)

인적
- □□□
  └ 육군특별지원병령(38.2)
- □□□□(39)

태평양전쟁(41)
- □□□□□(43)
- 징병제(44)
- 조선여자근로정신대(44)
  └ 조선여자□□□□□

물적
- □□·배급(40)

한국독립당(40, 충칭)

□□ 임시정부
- 40. □□□
  └ 4차 개헌
- □.건국강령(조소앙, □□□□),
  □□□□포고
- 44. □□(김구)·□□□□제(김규식)
  └ 5차 개헌

□□□□□

- 42. 김원봉의 □□□□□ 일부 합류
- 43. □□□ 연합작전(인도·버마 전선)
- 45. □□□□작전(미OSS 연합, □□X)

□□□□□□연맹(37.12, 난징)
↓
□□□□□(38, 한커우)
- □□□□□□한국 군사조직
- 중국 □□□ 지원으로 창설
↓
조선의용대 □□□□(41, 옌안)
호가장 전투(with [중] 팔로군)
↓
□□□□□(42)
조선독립동맹 예하부대

□□□□□ 의거(45)

해방 이전 (~1945)

미군정 통치기 (1945~1948)

1943~1945

조선 건국동맹 (여운형, 44)

총독부에 5개 조항 요구
ⓐ 정치·경제범 석방
ⓑ 3개월 식량 확보

→

조선 건국 준비위원회 (45.8.15)
- 안재홍·여운형
- 건준위 강령
ⓐ 완전한 독립국가 건설
ⓑ 과도기 자주적 질서유지

8.15 광복

1945

조선 인민공화국 (45.9.6)
이승만·여운형
(주석) (부주석)

맥아더 포고령 1호 (45.9.7)
모든 정치 단체 부정

1946

미군정 지원	남조선 과도입법의원(46.12) └김규식 (의장)
좌우 합작 7원칙 (46.10)	1조. 좌우합작 임시정부 수립 2조. 미소공동위원회 속개 3조. 토지개혁(유상매입·무상분배) 4조. 친일파 처단을 위한 조례 제정 (by 입법기구) 5조. 테러행동 즉시제지

③ 좌·우합작 위원회 (여운형·김규식, 46.7~47.7)

② 이승만 정읍 발언 (46.6)
남한 단독정부 수립 최초 시사

1947

좌우 합작 실패
- 미군정 입장 변화 (지지→철회)
- 여운형 피살(47.7)

1948

⑦ 단독정부 수립 반대
- 김구 논설(48.2.10) └「3천만 동포에게 읍고함」
- **제주 4·3항쟁** ⇒ 여수·순천 사건 (48.4)　(48.10)
- **남북협상**(48.4.19, 김구·김규식 제안) └ 4김(구·규식·일성·두봉) 회담

카이로 회담 (43.11)
- 미·영·중 정상회담
- 독립 최초 약속 └적당한 시기

얄타 회담 (45.2)
- 미·영·소 정상회담
- 소련의 대일전 참전 약속
- 신탁통치 최초제안

포츠담 선언 (45.7)
- 카이로 회담 재확인
- 일본의 무조건항복

모스크바 3국 외상회의 (미·영·소. 45.12)
1조. 미소 공동위원회 설치
2조. 임시정부(with 조선인) 수립 └모든 정당·단체 협의
3조. 신탁통치 5년 (미·영·중·소)

[우] 반탁(김구·이승만)
[좌] 반탁 → 찬탁(박헌영)

① 1차 미소공동위원회 (46.3~5) 결렬
- 덕수궁 석조전에서 개최
- 정부 수립시 참여단체 자격 문제
[미] 찬탁·반탁 둘다 참여 [소] 찬탁 단체만 참여

④ 2차 미소공위 (47.5~8) 결렬

⑤ UN 총회 (47.11)
인구 비례에 따른 남북한 총선거

UN 한국 임시위원단 북한입국 거부 (48.1)

⑥ UN 소총회 (48.2.26)
남한만의 단독 선거 결정

해방 이전 (~1945) | 미군정 통치기 (1945~1948)

1943~1945 | 1945 | 1946 | 1947 | 1948

1943~1945

□□□□□□ (여운형, 44)
- □□□에 5개 조항 요구
- ⓐ 정치·경제범 석방
- ⓑ □□□□□ 확보

□□□회담 (43.11)
- 미·영·□ 정상회담
- 독립 □□ 약속
  - └ □□□ 시기

□□회담 (45.2)
- 미·영·□ 정상회담
- 소련의 대일전 참전 약속
- □□□□ 최초제안

포츠담 선언 (45.7)
- 카이로 회담 재확인
- 일본의 □□

1945 (8.15 광복)

□□□□ (45.8.15)
- □□□·여운형
- 건준위 강령
  - ⓐ □□□□□□□ 건설
  - ⓑ 과도기 □□□□ 유지

□□□ 공화국 (45.9.6)
- □□□·여운형
  - (주석) (부주석)

□□□□□□ 1호 (45.9.7)
모든 정치 단체 부정

□□□□ 3국 □□회의 (미·영·소, 45.12)
- 1조. □□□□□□□ 설치
- 2조. □□□□(with 조선인) 수립
  - └ 모든 정당·단체 협의
- 3조. □□□□ 5년 (미·영·중·소)

- [우] □□(□□·□□□)
- [좌] □□ → □□(박헌영)

1946

미군정 지원	남조선 과도입법의원(46.12)
	└ □□□(의장)
좌우 합작 7원칙 (46.10)	1조. 좌우합작 임시정부 수립
	2조. □□□□□□ 속개
	3조. 토지개혁(□□ 매입·□□□ 분배)
	4조. □□□ 처단을 위한 □□ 제정(by 입법기구)
	5조. 테러행동 즉시제지

③ □·□□□□ 위원회 (□□□·□□□, 46.7~47.7)

② □□□□□ 발언 (46.6)
남한 □□□□□ 수립 □□ 시사

① 1차 □□□□□□□ (46.3~5) □□
- 덕수궁 □□□에서 개최
- 정부 수립시 □□□□□□ 문제
- [미] 찬탁·반탁 둘다 참여 [소] 찬탁 단체만 참여

1947

좌우 합작 실패
- 미군정 입장 변화 (□□→□□)
- 여운형 피살(47.7)

④ □□ 미소공위 (47.5~8) 결렬

⑤ □□□□ (47.11)
인구 비례에 따른 남북한 □□□

□□□□ 위원단 북한입국 거부 (48.1)

⑥ □□□□□ (48.2.26)
남한만의 □□□□ 결□

1948

⑦ □□□□ 수립 반대
- 김구 논설(48.2.10)
  - └ 「□□□□ □□□□□ 읍고함」
- 제주 □·□□□ ⇒ □□·□□ 사건
  - (48.4)   (48.10)
- □□□□
  - └ 4김(구·규식·일성·두봉) 회담
- (48.4.19, □□·□□□ 제안)

1공화국 이승만 정부 (독재정권) → 2공화국 장면 정부 (최초의 의원내각제)

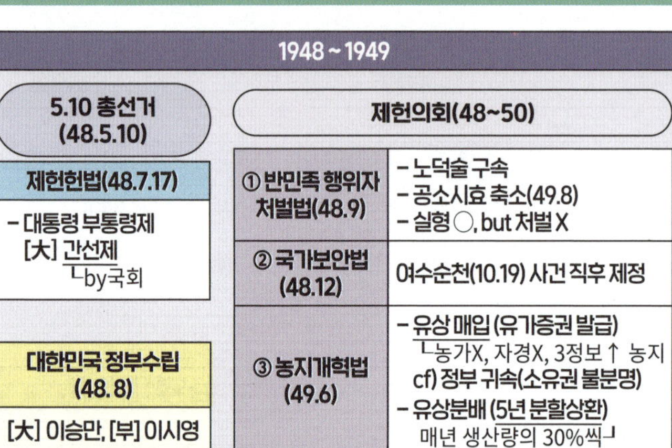

1948 ~ 1949

5.10 총선거 (48.5.10)

제헌헌법(48.7.17)
- 대통령 부통령제
  [大] 간선제
  └ by국회

대한민국 정부수립 (48.8)
[大] 이승만, [부] 이시영

제헌의회(48~50)

① 반민족 행위자 처벌법(48.9)
- 노덕술 구속
- 공소시효 축소(49.8)
- 실형 ○, but 처벌 X

② 국가보안법 (48.12)
여수순천(10.19) 사건 직후 제정

③ 농지개혁법 (49.6)
- 유상 매입 (유가증권 발급)
  └ 농가X, 자경X, 3정보↑ 농지
  cf) 정부 귀속(소유권 불분명)
- 유상분배 (5년 분할상환)
  매년 생산량의 30%씩 ┘

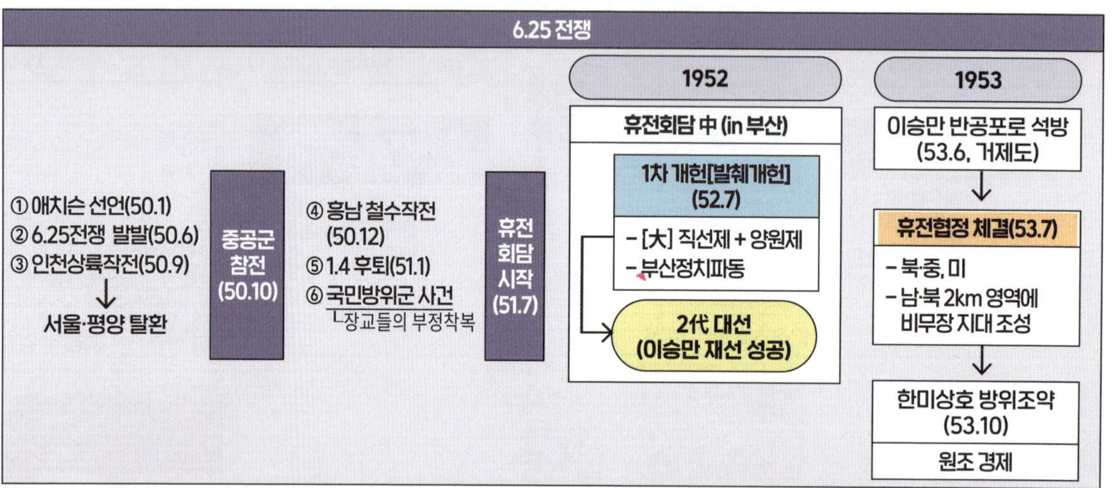

6.25 전쟁

① 애치슨 선언(50.1)
② 6.25전쟁 발발(50.6)
③ 인천상륙작전(50.9)
↓
서울·평양 탈환

중공군 참전 (50.10)

④ 흥남 철수작전 (50.12)
⑤ 1.4 후퇴(51.1)
⑥ 국민방위군 사건 (51.7)
└ 장교들의 부정착복

휴전 회담 시작

1952

휴전회담 中 (in 부산)

1차 개헌[발췌개헌] (52.7)
- [大] 직선제 + 양원제
- 부산정치파동

2代 대선 (이승만 재선 성공)

1953

이승만 반공포로 석방 (53.6, 거제도)
↓
휴전협정 체결(53.7)
- 북·중, 미
- 남·북 2km 영역에 비무장 지대 조성
↓
한미상호 방위조약 (53.10)

원조 경제

1954

2차 개헌 [사사오입 개헌](54.11)

초대 [大] 중임제한 철폐
제55조. 대통령과 부통령의 임기는 4년으로 한다. 단, 재선에 의하여 1차 중임할 수 있다.
부칙. 이 헌법 공포 당시의 대통령에 대하여는 제55조 제1항 단서의 제한을 적용하지 아니한다.

- [경] 미공법 480호(54) → 원조경제
  3백산업(밀가루, 설탕, 면화) ┘
- [사] 정비석 「자유부인」

1956

3代 대선(56)

구분	자유당	민주당	무소속
대통령	이승만	신익희 X	조봉암
부통령	이기붕	장면	

└ 돌풍!
└ 못살겠다 갈아보자

이승만 독재
- 진보당 사건(58.1) : 진보당 강제해산
- 신국가 보안법 제정(58.12)
  └ 보안법 파동 → 조봉암 사형(59)
- 경향신문 폐간(59)

1960

4代 대선(60.3)

구분	자유당	민주당
대통령	이승만	조병옥 X
부통령	이기붕	장면

↓
3.15 부정선거 (60.3) 김주열 시신 발견
↓
4.19 혁명(60.4)
① 서울대 선언문(진리의 상아탑)
② 계엄령, 경찰 발포(경무대 시위)
③ 교수들의 시국 선언(4.25)
④ 대통령 하야(4.26)

3차 개헌60.6
- 허정 과도내각이 주도
- 양원제(참의원, 민의원)

제 32조 민의원 의원이 정수와 선거에 관한 사항은 법률로써 정한다. 참의원 의원은 특별시와 도를 선거구로 하여 법률의 정하는 바에 의하여 선거하며…
제 53조 대통령은 양원 합동 회의에서 선거하고 재적 국회의원 3분의 2 이상의 투표를 얻어 당선된다.

제 2공화국(장면 내각)
- 경제개발 5개년 계획 수립(실행 X)
- 민간 통일운동에 소극적
  └ 중립화 통일론(남북협상론)

18 빈칸 채우기
(이승만 정권의 독재정치[1공화국]와 6.25 전쟁, 장면의 의원내각제 정부[2공화국])

1공화국 □□□ 정부 (□□□□) → 2공화국 □□ 정부 (최초의 □□□□□□)

6.25 전쟁

1948 ~ 1949

□.□ 총선거 (48.5.10)

제헌헌법(48.7.17)
- 대통령 부통령제
- [大] □□□ └by국회

대한민국 정부수립 (48.8)
- [大] □□□,
- [부] □□□

□□의회(48~50)

① 반민족 행위자 처벌법 (48.9)
- □□□ 구속
- 공소시효 □□(49.8)
- □□○, but □□ X

② 국가보안법 (48.12)
- 여수순천(10.19) 사건 직후 제정

③ 농지개혁법 (49.6)
- □□매입 (□□□□ 발급) └농가X, 자경X, 3정보↑ 농지 / cf) 정부 귀속(소유권 불분명)
- □□분배 (□□ 분할상환) 매년 생산량의 30%씩

6.25 전쟁 전개

① □□□□ 선언(50.1)
② 6.25전쟁 발발(50.6)
③ □□□□작전 (50.9) → 서울·평양 탈환

참전 (50.10)

④ □□ 철수작전 (50.12)
⑤ 1.4 후퇴(51.1)
⑥ 국민방위군 사건 └장교들의 부정착복

휴전회담 시작 (51.7)

□□□□ 中 (in 부산)

1차 개헌[□□□□](52.7)
- [大]□□□ + □□
- □□ 정치파동

2代 대선 (□□□ 재선 성공)

1953
이승만 □□□□ 석방 (53.6, □□□)

→ **□□□□ 체결 (53.7)**
- □·□·□
- 남·북 2km 영역에 □□□ 지대 조성

→ □□□□ 방위조약 (53.10)

원조 경제

□□□□

2차 개헌 [□□□□ 개헌](54.11)

□□[大]□□□□ 철폐

제55조. 대통령과 부통령의 임기는 □□으로 한다. 단, 재선에 의하여 1차 중임할 수 있다.

부칙. 이 □□□□ 당시의 대통령에 대하여는 제55조 제1항 단서의 □□을 제한하지 아니한다.

- [경] 미공법 480호(54) → □□경제 └□□산업 (밀가루, 설탕, 면화)
- [사] 정비석「□□□□」

□□□□

3代 대선(56)

구분	자유당	□□□	□□□
대통령	이승만	신익희 X	(□□□)
부통령	이기붕	□□	

└돌풍!

못살겠다 갈아보자!

이승만 독재
- □□□ 사건(58.1) : 진보당 강제해산
- □□□□ 제정(58.12) └보안법 파동 → 조봉암 사형(59)
- □□□ 폐간(59)

1960

4代 대선(60.3)

구분	자유당	민주당
대통령	이승만	□□□ X
부통령	이기붕	장면

↓

□.□ 부정선거 (60.3) → □□□ 시신 발견

↓

4.19 혁명(60.4)
① 서울대 선언문(□□□□ □□□)
② □□□, 경찰 발포(경무대 시위)
③ □□들의 시국 선언(4.25)
④ 대통령 □□(4.26)

3차 개헌(60.6)
- □□□ 내각이 주도
- 양원제(□□□, □□□)

제 32조 민의원 의원이 정수와 선거에 관한 사항은 법률로써 정한다. 참의원 의원은 특별시와 도를 선거구로 하여 법률의 정하는 바에 의하여 선거하며…

제 53조 대통령은 □□□ □□에서 선거하고 재적 국회의원 3분의 2 이상의 투표를 얻어 당선된다.

제 2공화국(장면 내각)
- □□□□□□ 계획 수립(□□□X)
- 민간 통일운동에 소극적 └중립화 통일론(남북협상론)

박정희 군정 (국가재건 최고회의)

박정희 3공화국 정부 (경제개발을 위한 종잣돈)

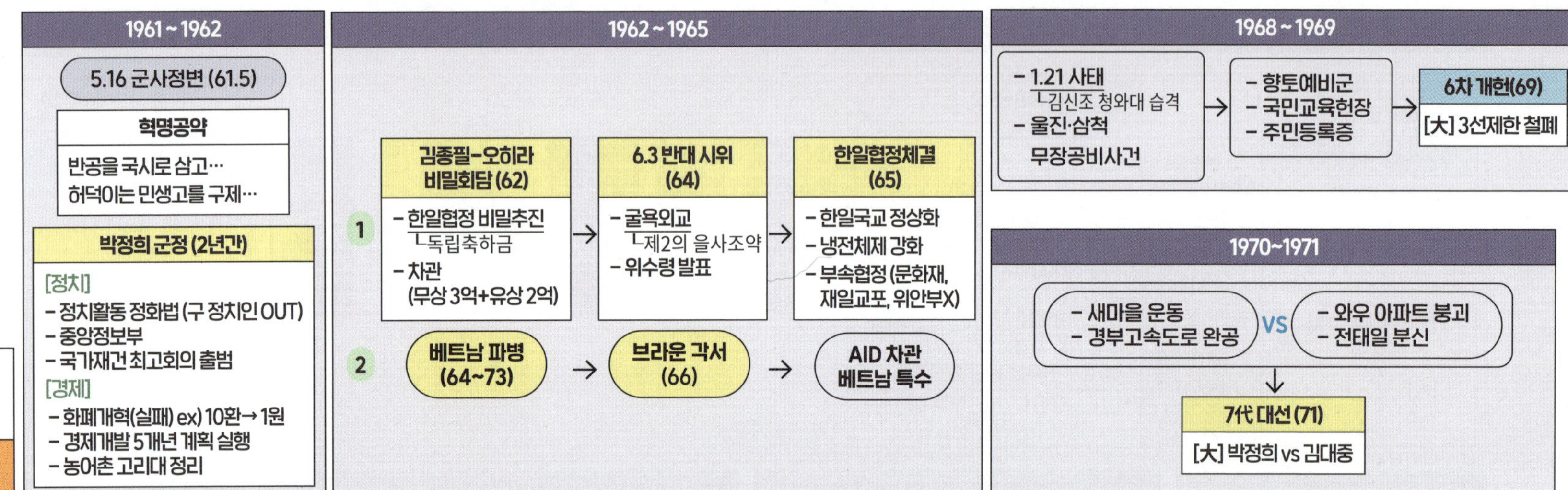

1961~1962

5.16 군사정변 (61.5)

혁명공약

반공을 국시로 삼고…
허덕이는 민생고를 구제…

박정희 군정 (2년간)

[정치]
- 정치활동 정화법 (구 정치인 OUT)
- 중앙정보부
- 국가재건 최고회의 출범

[경제]
- 화폐개혁 (실패) ex) 10환 → 1원
- 경제개발 5개년 계획 실행
- 농어촌 고리대 정리

- 경공업 중심
  └ 섬유, 신발, 가발
- 울산 정유공장 (64)

1·2차 경제개발 5개년 계획 (62~71)

1962~1965

1

김종필-오히라 비밀회담 (62)
- 한일협정 비밀추진
  └ 독립축하금
- 차관 (무상 3억 + 유상 2억)

→ **6.3 반대 시위 (64)**
- 굴욕외교
  └ 제2의 을사조약
- 위수령 발표

→ **한일협정체결 (65)**
- 한일국교 정상화
- 냉전체제 강화
- 부속협정 (문화재, 재일교포, 위안부X)

2

베트남 파병 (64~73) → **브라운 각서 (66)** → **AID 차관 베트남 특수**

1968~1969

- 1.21 사태
  └ 김신조 청와대 습격
- 울진·삼척 무장공비사건

→
- 향토예비군
- 국민교육헌장
- 주민등록증

→ **6차 개헌 (69)**
[大] 3선제한 철폐

1970~1971

- 새마을 운동
- 경부고속도로 완공
VS
- 와우 아파트 붕괴
- 전태일 분신

↓

7代 대선 (71)
[大] 박정희 vs 김대중

박정희 4공화국 정부 (강력한 대통령)

3·4차 경제개발 5개년 계획 (72~81)

- 중공업 중심
  └ 화학, 철강, 조선
- 100억불 수출

석유파동
- 1차(74): 중동 진출로 해결
- 2차(78): 해결X
  → 경제위기

1972

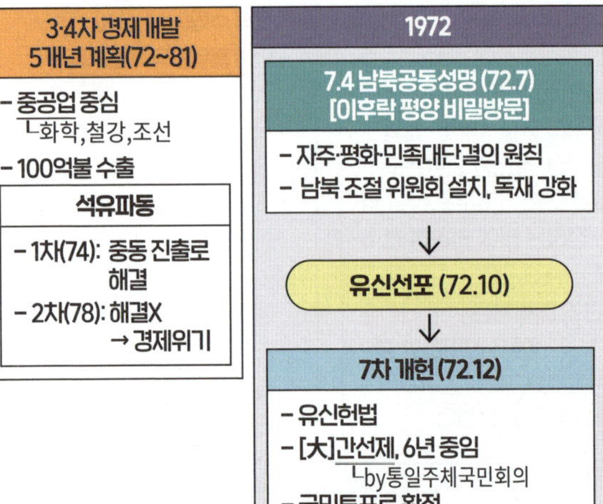

7.4 남북공동성명 (72.7)
[이후락 평양 비밀방문]
- 자주·평화·민족대단결의 원칙
- 남북 조절 위원회 설치, 독재 강화

↓

유신선포 (72.10)

↓

7차 개헌 (72.12)
- 유신헌법
- [大] 간선제, 6년 중임
  └ by 통일주체국민회의
- 국민투표로 확정

1973~1978

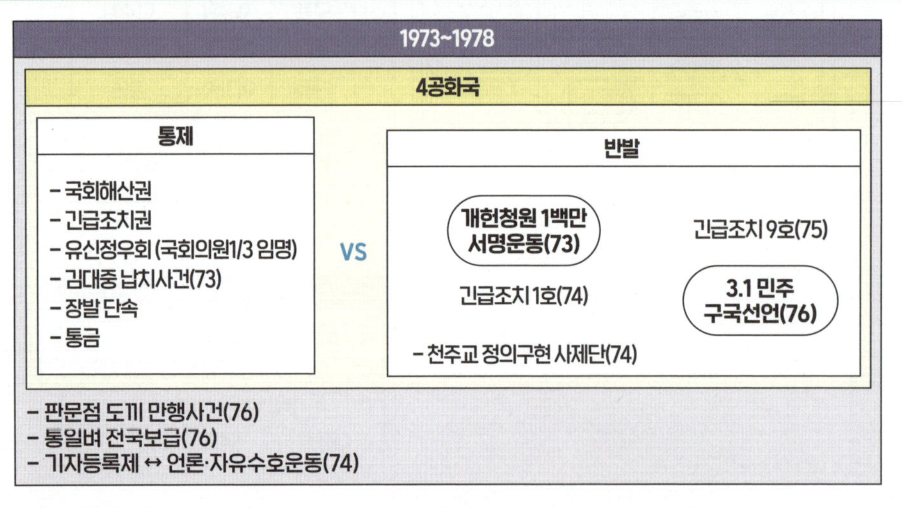

4공화국

통제
- 국회해산권
- 긴급조치권
- 유신정우회 (국회의원 1/3 임명)
- 김대중 납치사건 (73)
- 장발 단속
- 통금

VS

반발
- **개헌청원 1백만 서명운동 (73)**
- 긴급조치 1호 (74)
- 긴급조치 9호 (75)
- **3.1 민주 구국선언 (76)**
- 천주교 정의구현 사제단 (74)

- 판문점 도끼 만행사건 (76)
- 통일벼 전국보급 (76)
- 기자등록제 ↔ 언론·자유수호운동 (74)

1979

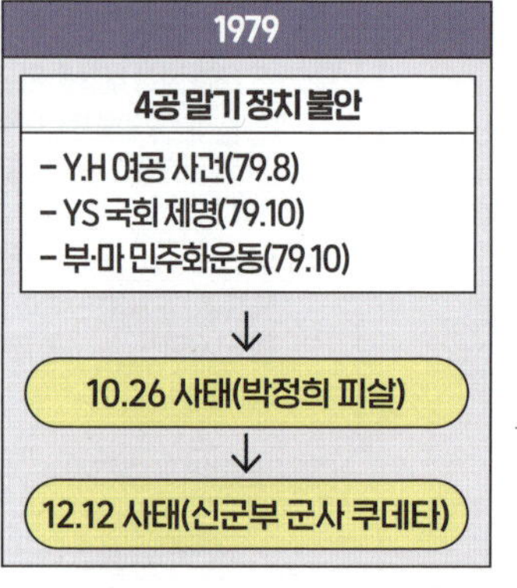

4공 말기 정치 불안
- Y.H 여공 사건 (79.8)
- YS 국회 제명 (79.10)
- 부·마 민주화운동 (79.10)

↓

10.26 사태 (박정희 피살)

↓

12.12 사태 (신군부 군사 쿠데타)

19 빈칸 채우기
(박정희 정부의 경제개발[3공화국]·유신통치[4공화국])

□□□ 군정 (국가재건 최고회의)

박정희 □□□□ 정부 (□□□□□을 위한 □□□)

1961~1962

5.16 군사정변 (61.5)

혁명공약
- □□을 국시로 삼고…
- 허덕이는 □□□를 구제…

박정희 군정 (2년간)

[정치]
- 정치활동 정화법 (구 정치인 OUT)
- 중앙정보부
- □□□□□□□□ 출범

[경제]
- 화폐개혁(실패) ex) 10환 → 1원
- □□□□□□ 계획 실행
- 농어촌 고리대 정리

- □□□ 중심
  └ 섬유, 신발, 가발
- 울산 □□□□ (64)

1·2차 경제개발 5개년 계획 (62~71)

1962~1965

1

□□□-□□□ 비밀회담 (62)
- 한일협정 비밀추진
  └ □□□□□
- □□ (무상 3억 + 유상 2억)

□.□ 반대 시위 (64)
- 굴욕외교
  └ 제2의 을사조약
- 위수령 발표

□□□□ 체결 (65)
- □□□□ 정상화
- □□ 체제 강화
- 부속협정 (□□□, 재일교포, □□□X)

2

□□□ 파병 (64~73) → □□□ 각서 (66) → □□□ 차관 베트남 특수

1968~1969

- 1.21 사태
  └ 김신조 청와대 습격
- □□·□□ 무장공비사건

- 향토□□□
- □□□□□ 헌장
- 주민등록증

6차 개헌 (69)
[大] □□□□ 철폐

1970~1971

- □□□ 운동
- □□□□ 도로 완공

vs

- 와우 아파트 붕괴
- □□□ 분신

↓

□□ 대선 (71)
[大] 박정희 vs □□□

박정희 4공화국 정부 (강력한 대통령)

3·4차 경제개발 5개년 계획 (72~81)
- □□□ 중심
  └ 화학, 철강, 조선
- 100억불 수출

□□ 파동
- 1차(74): 중동 진출로 해결
- 2차(78): 해결X → 경제위기

1972

□.□□□□□ 성명 (72.7)
[□□□ 평양 비밀방문]
- □□·□□·□□□□□ 의 원칙
- □□□ 위원회 설치, □□ 강화

↓

유신선포 (72.10)

↓

□□ 개헌 (72.12)
- □□□□
- [大] □□□, □□ 중임
  └ by □□□□□□□
- 국민투표로 확정

1973~1978

4공화국

통제
- 국회해산권
- □□□□□
- 유신정우회 (국회의원 1/3 임명)
- □□□ 납치사건 (73)
- 장발 단속
- 통금

vs

반발
- 개헌청원 □□□ 서명운동 (73)
- 긴급조치 1호 (74)
- 천주교 정의구현 사제단 (74)
- 긴급조치 9호 (75)
- □.□ 민주 □□□ (76)

- □□□ □□ 만행사건 (76)
- □□□ 전국보급 (76)
- 기자등록제 ↔ □□·□□□□ 운동 (74)

1979

4공 말기 정치 불안
- □.□ 여공 사건 (79.8)
- □□ 국회 제명 (79.10)
- □·□ 민주화운동 (79.10)

↓

□.□ 사태 (박정희 피살)

↓

□.□ 사태 (신군부 군사 쿠데타)

전두환 5공화국 정부(정의사회구현 + 복지국가)

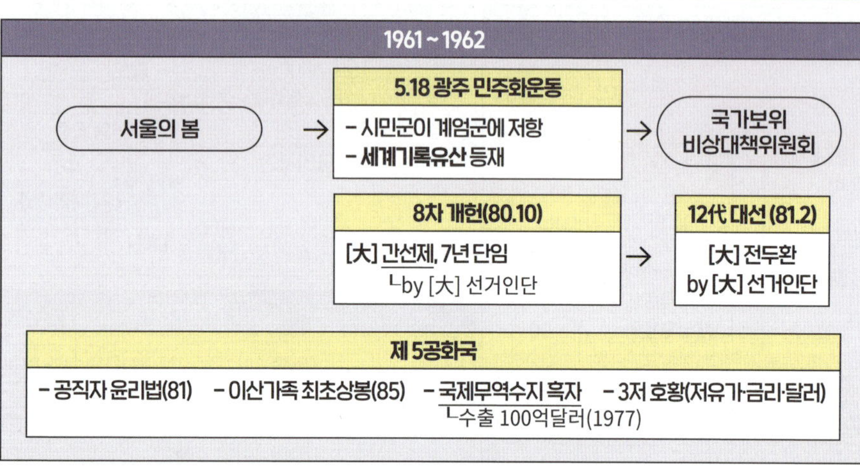

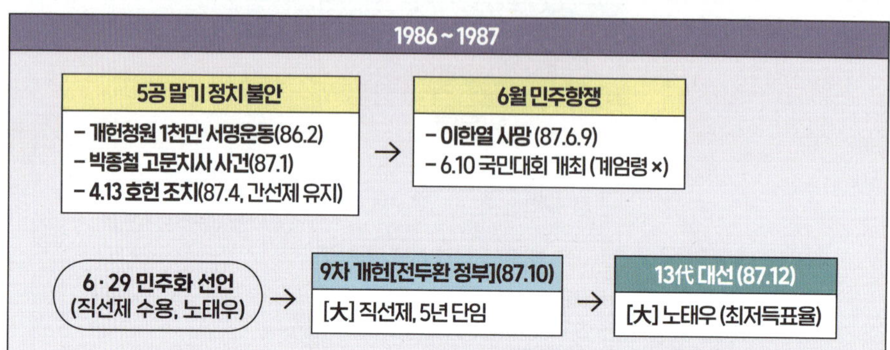

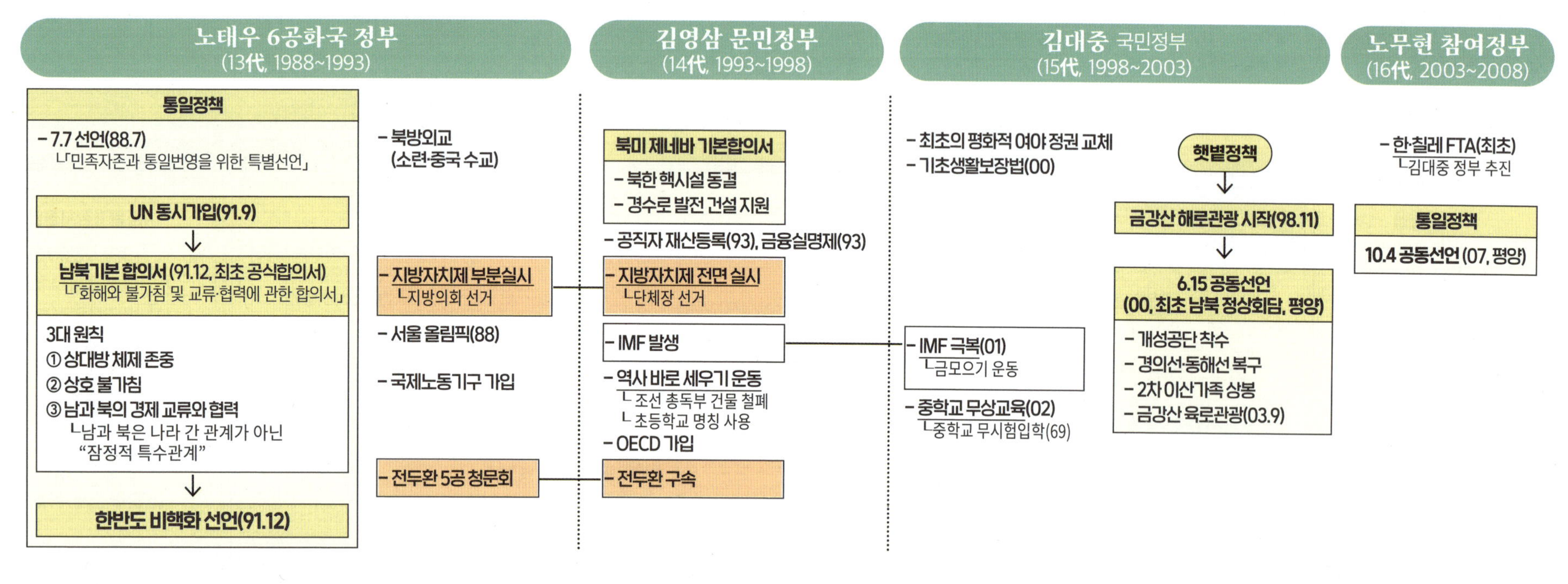

빈칸 채우기
(민주주의의 시련과 민주 회복[5·6공화국])

□□□ 5공화국 정부 (정의사회구현 + 복지국가)

1961 ~ 1962

□□□□ →

□.□□□ 민주화운동
- □□□이 계엄군에 저항
- □□□□□□ 등재

→ 국가보위 비상대책위원회

8차 개헌(80.10)
[大]□□□, □□□□
└ by [大]□□□□

→ **□代 대선(81.2)**
[大] 전두환
by [大] 선거인단

제 5공화국
- 공직자 윤리법(81)
- □□□□□□ 흑자
  └ 수출 100억달러(1977)
- □□□□ 최초상봉(85)
- □□□□ (저유가·금리·달러)

1986 ~ 1987

5공 말기 정치 불안
- 개헌청원 1천만 서명운동(86.2)
- □□□□□치사 사건(87.1)
- □.□□□ 조치(87.4, 간선제 유지)

→ **□□□□ 항쟁**
- □□□ 사망(87.6.9)
- 6.10 국민대회 개최 (계엄령 ×)

□·□ 민주화 선언
(□□□ 수용, 노태우) →

**□□ 개헌
[전두환 정부](87.10)**
[大]□□□, □□□

→ **13代 대선 (87.12)**
[大] 노태우 (최저득표율)

노태우 6공화국 정부
(13代, 1988~1993)

통일정책
- □.□ □□(88.7)
  └「민족자존과 통일번영을 위한 특별선언」

□□□□ 가입(91.9)
↓
**□□ □□□□□
└「화해와 불가침 및 교류·협력에 관한 합의서」
(91.12, 최초 □□ 합의서)**

3대 원칙
① □□□□□□□□
② □□□□□
③ 남과 북의 경제 교류와 협력
  └ 남과 북은 나라 간 관계가 아닌
  "□□□ □□□□"
↓
□□□□□□□ 선언(91.12)

- □□ 외교
  (소련·중국 수교)
- 서울 올림픽(88)
- □□□□ 기구 가입

- 지방자치제 □□ 실시
  └ □□□□ 선거
- 전두환 □□□□□

김영삼 □□ 정부
(14代, 1993~1998)

□□□□□ 기본합의서
- 북한 핵시설 동결
- 경수로 발전 건설 지원

- 공직자 재산등록(93), □□□□□(93)

- 지방자치제 □□ 실시
  └ □□□ 선거
- IMF 발생
- □□ □□ 세우기 운동
  └ 조선 총독부 건물 철폐
  └ □□□□ 명칭 사용
- OECD 가입
- 전두환 □□

□□□ 국민정부
(15代, 1998~2003)

- □□□ 평화적 □□ 정권 교체
- □□□ 보장법(00)

IMF 극복(01)
└ 금모으기 운동

- □□□ 무상교육(02)
  └ 중학교 무시험입학(69)

햇볕정책
↓
금강산 □□□□ 시작(98.11)
↓
**□.□□□□□
(00, 최초 남북 정상회담, 평양)**
- □□□□ 착수
- □□□ 동해선 복구
- 2차 이산가족 상봉
- 금강산 □□ 관광(03.9)

노무현 참여정부
(16代, 2003~2008)

- 한·칠레 FTA(최초)
  └ 김대중 정부 추진

통일정책
10.4 공동선언
(07, 평양)

신라 / 통일신라

경제

상업·무역 발달

시장	동시(지증왕) ┗ 동시전(감독기구)	동시 + 서시 + 남시(효소왕)
대외무역	당항성 ┗ 중국과 직접교역	울산항(국제무역항) ┗ 아라비아 상인

장보고
- 청해진(완도, 흥덕왕)
- 법화원[적산원] ┗ 산둥 반도
- 「입당구법순례행기」 (엔닌) ┗ 장보고 도움 당 여행
- 교역사절단
  @ 견당매물사(당)   ⓑ 회역사(일본)

신라 촌락문서
- 조세수취 목적
  ┗ [인구] 6등급(남녀노소)
  ┗ [호구] 9등급(장정의 다소)
- 촌주가 작성(3년마다) ┗ 지방관X
- 호적·양안으로 분화(고려)

사회

백제
- 부여씨(왕족)+8성(귀족)
- 뇌물(3배 배상+종신금 고형)

신라 씨족사회 전통
- ① 화백회의 (만장일치제)   ② 화랑도 (계층간 갈등 완화, 원광의 세속 5계, 임신서기석)

골품제
- 일상생활 규제   ─ 관등의 상한선(by 신분)

6두품(아찬)

신라 중대	신라 하대
왕의 정치적 조언자	- 도담유학생 / - 반신라적 성격

사상

도교

고구려	백제
- 강서대묘(사신도) / - 연개소문(도교 도입)	- 금동대향로(부여) / - 사택지적비(의자왕)

승려

원효	화쟁사상(「십문화쟁론」), 아미타신앙, 무애가
의상	화엄사상(「화엄일승법계도」), 관음신앙, 부석사
혜초	왕오천축국전
원측	유식불교

6두품 유학자

설총	화왕계, 이두	최치원	- 토황소격문
강수	외교문서		- 4산비문 / - 난랑비문(풍류도)

고분

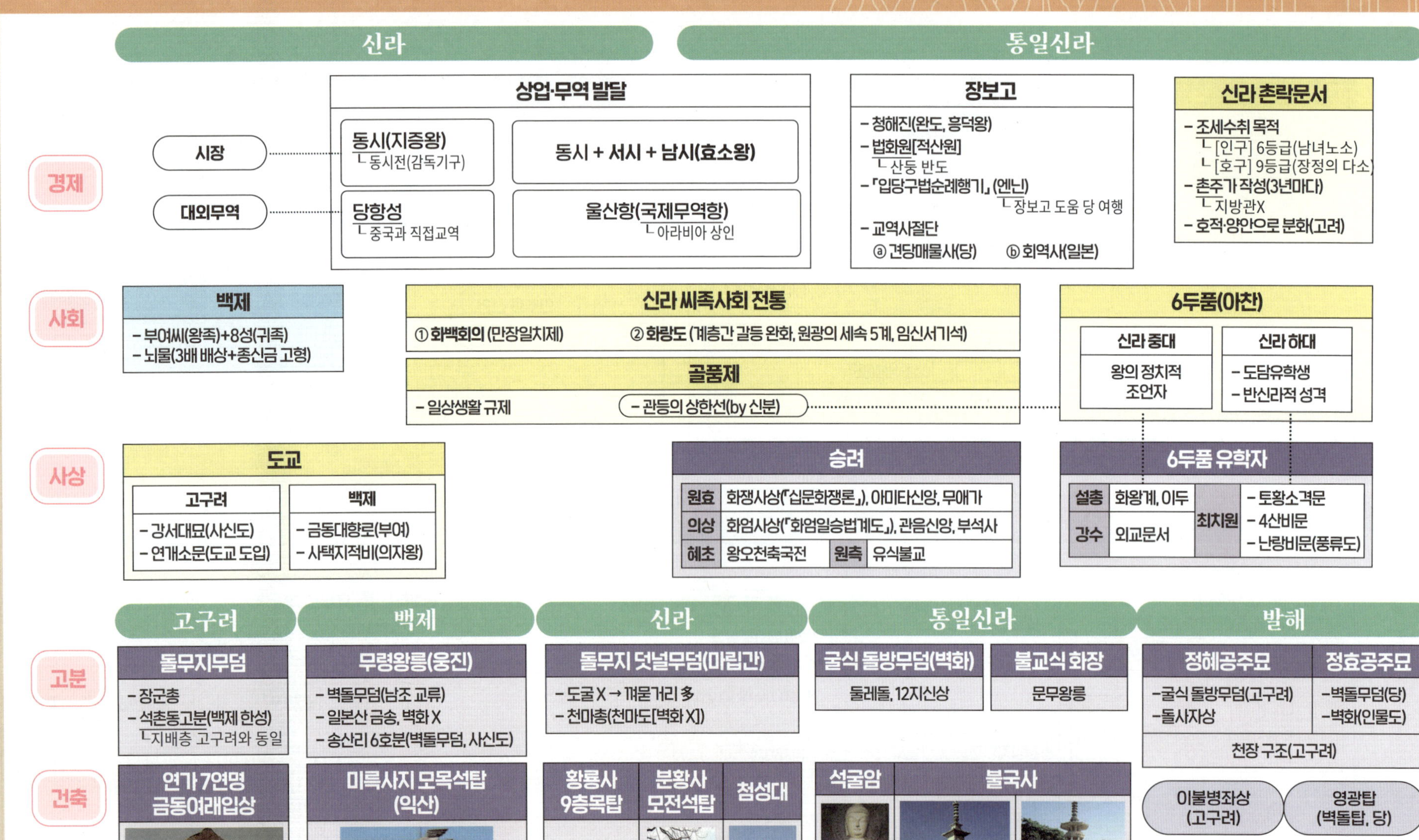

고구려	백제	신라	통일신라	발해
돌무지무덤 - 장군총 - 석촌동고분(백제 한성) ┗ 지배층 고구려와 동일	**무령왕릉(웅진)** - 벽돌무덤(남조 교류) - 일본산 금송, 벽화 X - 송산리 6호분(벽돌무덤, 사신도)	**돌무지 덧널무덤(마립간)** - 도굴 X → 껴묻거리 多 - 천마총(천마도[벽화 X])	**굴식 돌방무덤(벽화)** 둘레목, 12지신상 / **불교식 화장** 문무왕릉	**정혜공주묘** ─ 굴식 돌방무덤(고구려) / ─돌사자상 / **정효공주묘** ─벽돌무덤(당) / ─벽화(인물도) 천장 구조(고구려)

건축

연가 7연명 금동여래입상 (고구려)

미륵사지 모목석탑(익산)
금제사리봉안기 ┗ 사택왕후가 미륵사 시주

황룡사 9층목탑 / **분황사 모전석탑** / **첨성대**
- 자장 건의 / - 몽골침입 소실
선덕여왕(경주)

석굴암 본존불 / **불국사** 석가탑(무구정광대다라니경), 다보탑 ┗ 현존 最古 목판인쇄물
경덕왕(김대성 건의, 경주)

이불병좌상(고구려) / **영광탑(벽돌탑, 당)**

빈칸 채우기
(고대의 경제·사회·문화)

신라 · 통일신라

경제

신라

상업·무역 발달

- 시장 → □□(□□□□) └ 동시전(감독기구) | 동시 + □□ + □□(효소왕)
- 대외무역 → 당항성 └ 중국과 직접교역 | □□□(국제무역항) └ 아라비아 상인

통일신라

□□□
- □□□(완도, 흥덕왕)
- 법화원[□□□] └ 산둥 반도
- 「입당구법순례행기」(□□) └ 장보고 도움 당 여행
- 교역사절단
  ⓐ 견당매물사(당)
  ⓑ □□□(일본)

신라 □□문서
- 조세수취 목적
  └ [인구] □등급(□□□□)
  └ [호구] □등급(□□의 다소)
- □□가 작성(□년마다)
  └ □□□X
- □□·□□으로 분화(고려)

사회

□□
- □□씨(왕족)+8성(귀족)
- □□(3배 배상+종신금 고형)

□□ □□사회 전통
- ① □□회의 (만장일치제) ② □□□(계층간 갈등 완화, □□의 세속 5계, □□□□□)
- 일상생활 규제 — □□의 상한선(by 신분)

6두품(□□)

신라 □□	신라 □□
왕의 정치적 조언자	- 도담유학생
	- □□□적 성격

사상

□□

고구려	백제
- 강서대묘(□□□)	- 금동대향로(□□)
- □□□□(도교 도입)	- □□□□□(의자왕)

승려

□□	화쟁사상(「십문화쟁론」), □□□신앙, □□가
의상	□□사상(「화엄일승법계도」), □□신앙, □□□
□□	왕오천축국전
	□□ 유식불교

6두품 유학자

□□	화왕계, 이두	□□	- □□□격문
□□	외교문서		- 4산비문
			- □□비문(풍류도)

고분

고구려 · 백제 · 신라 · □□□□ · □□

고구려	백제	신라	□□□□		□□	
돌무지무덤	무령왕릉(□□)	□□□□□무덤(마립간)	굴식 돌방무덤(벽화)	□□식 화장	□□공주묘	□□공주묘
- 장군총	- □□무덤(남조 교류)	- 도굴 X → □□□□ 多	둘레돌, 12지신상	문무왕릉	- 굴식 돌방무덤(□□□)	- □□무덤(당)
- □□□고분(백제 한성) └ 지배층 고구려와 동일	- 일본산 금송, □□ X	- 천마총(□□□□[벽화 X])			- 돌사자상	- 벽화(□□□)
	- 송산리 6호분 (□□무덤, □□□)				천장 구조(고구려)	

건축

연가 7연명 금동여래입상

미륵사지 □□석탑(□□)

□□□□봉안기
└ 사택왕후가 미륵사 시주

황룡사 9층목탑	□□□ 모전석탑	첨성대
- □□ 건의		
- □□ 침입 소실		
□□여왕(경주)		

석굴암

본존불

불국사

□□□(무구정광대다라니경), 다보탑
└ 현존 □□ 목판인쇄물

□□□(김대성 건의, 경주)

(□□□□□ (고구려)) (영광탑 (□□탑, 당))

고려 전기

경제

전시과 제도

구분	시정(경종)	개정(목종)	경정(문종)
지급 기준	4색 공복+인품	18관등	18관등
지급 대상	전현직	전현직	현직

- 현직관리 대상, 죽거나 퇴직시 반납
- 한외과 소멸(경정전시과)
- **공음전**(5품↑, 세습 可) - **내장전**(왕실 경비)
- **외역전**(향리) - **한인전**(관직 無 하급관료자제)

상업활동

- 건원중보(성종) └유통실패
- **경시서**(시전 감독)
- 관영상점(화폐 사용)
- **벽란도**(국제무역항) └아라비아 상인
- 송(종이·인삼 수출)
- 일(수은, 유황 수입)

사회

법률·의례

- 태장도유사
- 장례: 유교(국가), 불·도교(민중)

사회제도

- **동서대비원·혜민국** (개경) └치료+구휼
- **구제도감·구급도감** (위급 시)

고려 후기

수공업

소 수공업 —— 사원 수공업

농업변화

- 우경의 일반화
- **윤작법**(밭, 2년 3작)
- **이앙법**(논, 남부지역 일부보급)
- 목화 도입
- 농상집요(중국 농법)

향도

- **신앙조직** └불사 동원, 매향의식
- **마을 공동체 조직** └상장제례 주도
- **상두꾼·향도계** └조선시대

신분제도

귀족	중류층	양민	천민
범죄자 귀향형	- 직역세습(토지지급) - 잡류(중앙관청), 남반(궁궐실무)	- 백정(농민)/직역 X, 조세의무 - 향·부곡·소(거주이전 과거 승려 X)	- 노비(매매·상속·증여) - 외거노비(신공납부, 신분상승)

사상

고려 초기

역사서

고려 중기

삼국사기
- 김부식 - 현존 最古, 기전체
- 유교적 합리주의, 신라계승

무신 집권기

동명왕편
- 이규보 └『백운소설』
- 고구려 계승

해동고승전 — 불교승려의 전기

원 간섭기

삼국유사
- 일연 - 신이사관
- 불교사 중심 - 고대설화

제왕운기
- 서사시로 역사 서술
- 중국사와 대등

단군신화

원명 교체기

사략
- 이제현 └『역옹패설』
- 성리학적 유교사관

승려

균여
- 화엄종
- 귀법사 주지

광종

의천
- 해동천태종(교단통합)
- 교관겸수·내외겸전

지눌	- 조계종, 수선결사(송광사) └독경·선수행·노동 - 정혜쌍수·돈오점수 - 선교일치완성	
요세	- 백련결사(만덕사) - 법화신앙(참회)	
혜심	유불일치설	**보우** 임제종(9산선문 통합주장)

사원 건축

주심포 - 안동 봉정사 극락전(현존 最古) - 예산 수덕사 대웅전 - 영주 부석사 무량수전 (팔작지붕) **다포** 성불사 응진전

건축

불상

거대불상, 지방색(지방호족)

하남 하사창동 철불 | 논산 관촉사 석불

탑

- 고달사지 승탑 └[나말] 쌍봉사 철감선사 승탑을 계승
- 경천사 10층 석탑 └[선초] 원각사 10층 석탑으로 계승

고려 전기

경제

□□□ 제도

구분	시정(□□)	□□(목종)	□□(문종)
지급 기준	4색 공복+□□	18관등	18관등
지급 대상	전현직	전현직	□□

- 현직관리 대상, 죽거나 퇴직시 반납
- □□□ 소멸(경정전시과)
- □□□(5품 ↑, 세습 可) － □□□(왕실 경비)
- □□□(향리) － **한인전**(관직 無 하급관료자제)

상업활동

- □□□□(성종)
  └ 유통실패
- □□□(시전 감독)
- □□ 상점(화폐 사용)
- □□□(국제무역항)
  └ 아라비아 상인
- 송(종이·인삼 수출)
- □(수은, 유황 수입)

고려 □□

수공업

□ 수공업 → □□ 수공업

농업변화

- 우경의 □□□
- □□□(밭, 2년 3작)
- **이앙법**(논, □□지역 일부보급)
- □□ 도입
- 농상집요(중국 농법)

사회

법률·의례

- 태장도유사
- 장례: □□(국가), 불·도교(□□)

사회제도

- □□□□·혜민국 (개경)
  └ 치료+구휼
- **구제도감·구급도감** (위급 시)

향도

□□ 조직 (불사 동원, 매향의식) → 마을 □□□ 조직 (상장제례 주도) → □□□·향도계 (조선시대)

신분제도

□□	중류층	양민	천민
범죄자 귀향형	－ □□ 세습(□□ 지급) － 잡류(중앙관청), □□(궁궐실무)	－ □□(농민)/직역 X, 조세의무 － □·□□□·□(거주이전 □□ 승려 X)	－ □□(매매·상속·증여) － □□ 노비(□□ 납부, 신분상승)

사상

고려 초기

역사서

- 김부식 　－ 현존 最古, □□□
- □□ 적 합리주의, 신라계승

승려

□□
- 화엄종
- □□□ 주지
└ 광종

고려 중기

□□□□

- 해동□□종(□□ 통합)
- 교관□수·내외□전

□□ 집권기

□□□□ － 이규보
　　　　└「백운소설」
－ □□□ 계승

해동□□□ 불교승려의 전기

지눌	－ 조계종, □□□□(송광사) － □□□□·돈오점수 － □□□□ 완성 └ □□·선수행·□□
요세	－ □□ 결사(만덕사) － 법화신앙(□□)
□□	유불일치설　　□□ 임제종(9산선문 통합주장)

□ 간섭기

삼국유사	－ 일연 － □□사관 － □□□ 중심 － 고대설화	신화
□□ 운기	－ □□□로 역사 서술 － □□□와 대등	

원명 교체기

사략

- □□□
　└「역옹패설」
- □□□□ 적 유교사관

건축

불상

□□ 불상, 지방색(지방 □□)

하남 하사창동 철불	논산 관촉사 석불

사원 건축

□□□ － □□□□□ 극락전(현존 最古) － 예산 수덕사 대웅전 － □□□□□□ 무량수전(팔작지붕) **다포** 성불사 □□□

탑

□□ 승탑
└ [나말] 쌍봉사 철감선사 승탑을 계승

→ □□□ 10층 석탑
└ [선초] □□□ 10층 석탑으로 계승

조선 전기

토지제도 변화

과전법	공양왕	전·현직 관리에게 수조권, 수신전·휼양전
직전법	세조	현직 관리에게만 수조권, 수신전·휼양전X
관수관급제	성종	전주가 수조 → 관청이 수조
직전법 폐지	명종	수조권제도 소멸, 지주전호제 확대

※ 공법(세종) – 전분6등법(비옥도), 연분9등법(풍흉) 따라 전세 수취
└답험의 폐단시정

대외무역

구분	조선전기	조선후기
대일무역	삼포 왜관 └부산포[동래]·제포·염포	내상 주도(왜관 개시·후시) └두모포 → 초량(숙종)
대여진 → 대청무역	무역소 └경원·경성	만상 주도(중강 개시·후시)

향촌사회

관권

- 수령, 향리(6방)
- 수령 7사
  (농부군사간호학!)
- 중앙에서 교수·훈도 파견
- 군현 인구비례로 정원 배분
- 성적 미달시 군역 동원
- 신분 관계없이 소송 가능
- 반역죄·강상죄(연좌제 적용)
- 형벌(태·장·도·유·사)
- 노비 소송(15C)
  → 신송 문제(묘지선정, 16C~)
- 의창(무이자)
- 상평창(1/10 이자)

관아	향교	경국대전, 대명률	환곡
기반	교육·제사	규율	구휼

VS

민권

유향소	서원	향약	사창
- 사족, 좌수·별감(임원) - 수령보좌, 향리감찰, 풍속교정 - 향안, 향회, 향규 └명부 └총회 └규칙	- 향음주례(음주예법), 향사례(활쏘기) - 대표 서원	- 약정·부약정(임원) - 질서 유지, 치안 담당 - 대상(양반~노비) - 여씨향약(조광조, 최초) 전국보급(이황, 이이)	- 정부 지원하 향촌 자치적 실시 - 세종 O → 성종 X → 고종 O └면민이 공동출자

서원 대표 서원:

구분	제사	비고
백운동서원 (중종)	안향	최초설립 └주세붕
소수서원 (명종)		최초 사액 └이황 건의
도산서원	이황	
자운서원	이이	–

향촌자치(풍속교화)

조선 후기

수취제도 변화

영정법	인조	1결 4~6두
대동법	광해군(경기) ~숙종(전국)	1결 12두
	*공납(호세)의 전세화 / 방납의 폐단 해결	
	영조	1년 2 → 1필
균역법	*재정보완 ① 결작(1결 2두) ② 선무군관포 ③ 어장세·염세·선박세 └양반 징수X	

농업의 변화

논농사	이앙법(전국보급), 광작(일부 부농)
밭농사	상품작물 재배(쌀·담배·인삼) 외래작물 도입(고추·고구마·감자)
지대	도조법(정액제, 경제·계약 관계) └지주·소작농

※ 민영 광업,(설점수세제, 덕대제), 민영 수공업 발달(납포장 증가, 선대제 수공업)
└효종

상업의 발달

- 장시 1,000여개
  └16C(전국확대)
- 대동법 → 공인의 성장
- **상평통보**(인조~숙종)
  └개경└전국
- ※ 전황 발생(폐전론 vs 용전론)
  └이익   └박지원
- **신해통공**(정조, 금난전권 폐지)
  └육의전 제외

사상(私商)의 발

- 난전(서울[이현·칠패])
- 경강상인(한강·서남해안)
- 송상(개성)
- 유상(평양)
- 만상(의주)
- 내상(동래)

신분제 동요

- 양반층 분화(권반, 향반, 잔반)
- 서얼차별 철폐(철종)
  └신해허통
- 대규모 소청운동(철종, 실패)
  └기술적 중인
- 공노비 해방(순조)

향전

- 관권과 부농층 결탁
  → 수령의 향약 주관
- 양반 기득권 유지 노력
  → 동성촌, 동계·동약

가족제도

고려 말~조선 전기	조선 후기
- 처가살이 可 - 남여 균분 상속, 돌아가며 제사 └윤회봉사 - 호적(연령순, 여성호주 可)	- 시집살이[친영 제도] - 장자(상속, 제사) - 족보(부계), 양자 일반화

조선 전기

토지 수취

토지제도 변화

□□□	공양왕	□·□□ 관리에게 수조권, 수신전·휼양전
직전법	□□	□□ 관리에게만 □□□, 수신전·휼양전X
□□□□□	성종	전주가 수조 → □□이 수조
직전법 폐지	□□	□□□제도 소멸, 지주전호제 확대

※ □□(세종) – □□6등법(비옥도), 연분9등법(□□) 따라 전세 수취
└□□의 폐단시정

무역 상업

대외무역

구분	조선 □□	조선 □□
대일무역	삼포 왜관 └부산포[동래]·제포·염포	□□ 주도(왜관 개시·□□) └두모포 → 초량(숙종)
대여진 → 대청무역	□□□ └경원·경성	□□ 주도(□□ 개시·후시)

향촌사회

관권 vs **민권**

관권:
- 수령, □□(6방)
- □□7사 (□□□□□□!)
- 중앙에서 □□·□□ 파견
- 군현 □□□로 정원 배분
- □□ 미달시 □□ 동원
- □□ 관계없이 소송 가능
- 반역죄·강상죄(□□□ 적용)
- 형벌(태·장·도·유·사)
- □□ 소송(15C) → □□ 문제(묘지선정, 16C~)
- □□(무이자)
- □□□(1/10 이자)

관아	향교	경국대전, 대명률	환곡
기반	교육·제사	규율	구휼

민권:
- 사족, □□·□□(임원)
- 수령보좌, 향리감찰, □□교정
- □□, 향회, 향규 └명부 └총회 └규칙
- 향음주례(음주예법), 향사례(활쏘기)
- 대표 서원

구분	제사	비고
□□□ 서원(중종)	□□	최초설립 └주세붕
□□서원 (명종)		최초 □□ └이황 건의
도산서원	이황	—
자운서원	이이	

향약:
- □□·부약정(임원)
- □□ 유지, □□ 담당
- 대상(양반~□□)
- □□향약(조광조, 최초) 전국보급(이황, 이이)

사창:
- 정부 지원하 향촌 자치적 실시
- 세종 O → 성종 X
→ 고종 O └면민이 공동출자

향촌자치(풍속교화)

조선 □□

수취제도 변화

영정법	인조		1결 □~□두
□□□		광해군(□□) ~ □□(전국)	1결 □두
		*□□(호세)의 □□화 / □□의 폐단 해결	
□□□	□□		1년 □ → □필

*재정보완
① □□(1결 2두)
② □□□□□ └양반 징수X
③ 어장세·염세·선박세

농업의 변화

논농사	이앙법(□□ 보급), □□(일부 부농)
밭농사	□□ 작물 재배(쌀·담배·□□), □□ 작물 도입(고추·□□□·감자)
지대	□□(정액제, □□·□□ 관계) └지주·소작농

※ 민영 광업,(설점수세제, □□□), □□ 수공업 발달
(납포장 증가, □□□ 수공업) └□□

상업의 발달

- 장시 □□ 여개 └□□(전국확대)
- 대동법 → □□의 성장
- □□□(인조~숙종) └개경 └전국
- ※ □□ 발생(폐전론 vs 용전론) └□□ └박지원
- □□□□(정조, □□□□ 폐지) └육의전 제외

사상(私商)의 발
- □□□(서울[이현·칠패])
- 경강상인(한강·서남해안)
- 송상(□□)
- 유상(평양)
- 만상(□□)
- □□(동래)

신분제도

신분제 동요
- 양반층 분화(권반, □□, 잔반)
- □□차별 철폐(철종) └신해□□
- 대규모 □□운동(철종, □□) └기술적 중인
- □□□ 해방(□□)

향전
- 관권과 부농층 결탁 → □□의 향약 주관
- 양반 기득권 유지 노력 → □□촌, 동계·□□

가족제도

가족제도

고려 말~조선 전기	조선 □□
- □□살이 可 - 남여 □□ 상속, □□□□ 제사 └윤회봉사 - 호적(연령순, □□호주 可)	- 시집살이[□□ 제도] - □□(상속, 제사) - 족보(부계), □□ 일반화

사상

조선 전기

이황
- 「성학십도」, 「주자서절요」, 「전습록변」
- 주리론, 4단 7정 논쟁, 동방의 주자, 영남학파
  └이는 존귀, 기는 비천

조식
- '경'과 '의' 강조
- 서리망국론
- 학문의 실천성 강조 → 의병장 배출(정인홍, 곽재우)

이이
- 「성학집요」, 「동호문답」, 「기자실기」, 「격몽요결」
- 주기론 － 사회경장론, 기호학파
  └이통기국

※ 서경덕(주기론 선구자) → 불교·노장사상 개방적
  이언적(주리론 선구자)

[붕당 계보]
- 남인 ─ 영남남인 / 경기남인
- 북인
- 노론 ─ 충청노론[호론] (인물성이론－북벌론) VS 호락논쟁 / 서울노론[낙론] (인물성동론－북학론)
- 서인
- 소론 ─ 양명학 · 정제두 ─ 강화학파 / 박은식으로 계승 └유교구신론

조선 후기

중농학파

유형원
- 균전론(신분 차등)
- 「반계수록」

이익
- 한전론(토지하한, 영업전)
- 6종 비판
- 「성호사설」, 「곽우록」

정약용
- 여전론(공동경작) → 정전론
- 「목민심서」(지방행정)
- 「흠흠신서」(형옥제도)
- 「경세유표」(중앙행정)
- 「마과회통」(홍역 연구)
- 「탕론」, 「기예론」

중상학파

유수원
- 「우서」 (사농공상 직업적 평등·전문화)

홍대용
- 균전론(성인남성 2결)
- 「의산문답」 (지전설·무한우주론)
- 「연기」(견문록)

박지원
- 한전론(토지상한), 수레·선박 사용
- 「호질」·「양반전」(양반제 비판), 「열하일기」(견문록)

박제가
- 「북학의」(소비 강조, [청]과 통상), 「종두방서」(종두법 연구)
  └「마과회통」 부록

예학 발달 — 김장생 ｜ 「가례집람」

성리학 절대화 — 송시열 ｜ 노론, 성리학 교조화

성리학 상대화

윤휴	박세당
남인, 「중용주해」	소론, 「사변록」
사문난적	

서학
- 수용(17C 학문적 → 18C 종교적)
  └사신 └남인
- 5차례 박해(신해·신유·기해·병오·병인)
  진산사건┘ └황사영 백서사건
  └정약전·정약용 귀양

동학
- 교리(유불선 + 민간신앙)
  └주문·부적
- 사상(인내천·후천개벽)

서적

역사서

조선 전기
- 「고려사」, 「고려사절요」(문종), 「동국통감」(성종, 서거정)
  └기전체 └편년체   └최초 편년체 통사 └춘추관
- 「조선왕조실록」(사초, 「일성록」, 「시정기」, 「승정원일기」 등 참고)
  └예문관 └왕의 일기(정조~) └승정원 업무일지

조선 후기
- 「동사강목」(정조, 안정복, 삼한정통론)
  └삼국은 무통
- 「발해고」(정조, 유득공, 최초 남북국 용어)
- 「연려실기술」(정조, 이긍익, 조선 정치·문화)
- 「해동역사」(순조, 한치윤, 민족사 인식폭 확대)

지도

조선 전기
- 「혼일강리도」(태종, 현존 동양 最古 세계지도)
  └아메리카X, 중화사상 반영

조선 후기
- 「곤여만국전도」(선조 도입, 마테오리치, 세계지도)
- 「동국지도」(영조, 정상기, 최초 축척지도)
  └100리척
- 「대동여지도」(철종, 김정호, 분첩식 목판인쇄)

백과사전

조선 전기
- 대동운부군옥

조선 후기
- 지봉유설(광해군) － 성호사설(영조)
- 동국문헌비고(영조)

농서

조선 전기
- 「농사직설」(세종, 우리풍토에 맞는 농법)
- 「구황촬요」(명종, 기근 대비) － 「양화소록」(세조, 화초 재배)

조선 후기
- 「농가집성」(효종, 신속, 이앙법 소개)
- 「색경」(박세당) － 「과농소초」(박지원)

의서

조선 전기
- 「향약집성방」(세종, 국산약재와 치료방법)
- 「향약구급방」(현존 최고)
  └대장도감

조선 후기
- 「동의보감」(광해군, 허준)
- 「동의수세보원」(사상의설)

예술

문학

조선 전기
- 「동문선」(성종, 서거정)
  └우리나라 우수 시문 정리

조선 후기
- 한글소설(세책점에서 책 대여), 사설시조
- 위항문학(중인층 시사 조직)

그림

고사관수도(강희안) ｜ 몽유도원도(안견) ｜ 초충도(신사임당) ｜ 인왕제색도(진경산수) ｜ 영통골입구도(원근법) ｜ 세한도(김정희)

음악
- 여민락·정간보(세종), 「악학궤범」(성종)
- 판소리 － 탈춤, 가면극

건축

사원건축

17C	18C
양반 지주 지원	부농·상인 지원
- 금산사 미륵전 - 화엄사 각황전	- 부안 개암사
- 법주사 팔상전	- 논산 쌍계사
└현존 최고 목탑	- 안성 석남사
불교의 사회적 지위 향상	

과학기술

자기

고려(청자)	여말 선초	조선(백자)
- 순수청자(고려중기)	분청사기	- 순백자(조선중기)
- 상감청자(무신집권기)	(원간섭기~조선초)	- 청화백자(조선후기)
		- 달항아리백자(조선후기)

인쇄

고려 전기	고려 후기	조선 초기
- 목판인쇄(대량)	- 금속활자(소량)	- 계미자(태종)
- 대장경(「초조」, 「재조」)	- 「직지심체요절」(우왕)	- 경자자·갑인자(세종)
거란침입┘ └몽골침입	└현존 最古 인쇄본 └in 청주 흥덕사	└식자판 조립법

※ 금석학 – 김정희, 북한산비가 진흥왕 순수비임을 고증 「금석과안록」

사상

조선 전기

이황
- 「□□□□」, 「□□□□□」, 「전습록변」
- 주리론, 4단 7정 논쟁, 동방의 주자, □□학파
  └ 이는 □□, 기는 □□

□
- '경'과 '□' 강조
- 서리망국론
- 학문의 □□□ 강조 → □□□ 배출(정인홍, 곽재우)

□
- 「성학□□」, 「□□□□」, 「기자실기」, 「격몽요결」
- 주기론 - □□□□□, 기호학파
  └ 이통기국

※ □□□(주기론 선구자) → 불교·□□사상 개방적
이언적(주리론 선구자)

조선 후기

- 남인 → 영남남인 / 경기남인
- 북인 → 노론 → **충청노론[호론]** (인물성□□-북벌론) VS □□논쟁
- 서인 → **□□노론[□□]** (인물성□□-□□□)
- □□ → 양명학 → □□□
  - □□학파
  - 박은식으로 계승
  - 「□□□□□」

중농학파

유형원
- 균전론(신분□□)
- 「□□□□」
- □□□ (토지하한, □□□)
- 6종 비판
- 「□□□□」, 「곽우록」

- □□□(공동경작) → 정전론
- 「□□□□」(지방행정)
- 「□□□」(형옥제도)
- 「□□□」(중앙행정)
- 「□□□」(홍역 연구)
- 「탕론」, 「□□□」

유수원
- 「우서」 (사농공상 □□□□□·전문화)

중상학파

- 균전론(□□남성□결)
- 「□□문답」(□□□·□□□□)
- 「연기」(견문록)

박지원
- 한전론(토지□□), 수레·선박 사용
- 「호질」, 「양반전」(□□□ 비판), 「□□□□」(견문록)
- 「북학의」(□□ 강조, [청]과 통상), 「종두방서」(종두법 연구)
  └ 「마과회통」 부록

예학 발달

예학 발달	성리학 절대화	서학
김장생 「□□□□」	□□□ 노론, 성리학 교조화	- 수용(17C □□□ → 18C □□□) (└사신 / └남인) - 5차례 박해(□□·□□·기해·병오·병인) 진산사건 / □□□ 백서사건 정약전·정약용 귀양

성리학 □□
- 남인, 「중용주해」 □□
- 소론, 「사변록」 □□□

동학
- 교리(유불선 + 민간신앙) □□·부적
- 사상(□□천·후천)

서적

역사서 — 조선 전기

- 「□□□」, 「고려사절요」(□□),   └기전체 └편년체
- 「□□□」(□□, 서거정)   └□□편년체 통사
- 「조선왕조실록」(□□, 「일성록」, 「□□□□」, 「□□□ 일기」 등 참고)
  - 예문관 / 왕의 일기(정조~) / 춘추관 / 승정원 업무일지

역사서 — 조선 후기

- 「□□□□」(정조, 안정복, 삼한□□론)   └삼국은 무통
- 「발해고」(□□, 유득공, 최초 □□□ 용어)
- 「□□□ 기술」(정조, 이긍익, □□ 정치·문화)
- 「해동역사」(순조, 한치윤, □□□□ 확대)

지도 — 조선 전기

- 「□□□□」(□□, 현존 동양 最古 세계지도)
  └ □□□□X, 중화사상 반영

지도 — 조선 후기

- 「□□□□」(선조 도입, 마테오리치, 세계지도)
- 「□□지도」(□□, 정상기, 최초 축척지도)   └□□리척
- 「□□지도」(철종, 김정호, 분첩식 목판인쇄)

백과사전

- 대동운부군옥
- 지봉유설(□□□) - 성호사설(영조)
- □□□□□(영조)

농서 — 조선 전기

- 「□□□」(□□, 우리풍토에 맞는 농법)
- 「□□□」(□□, 기근 대비) - 「양화소록」(세조, 화초 재배)

농서 — 조선 후기

- 「□□□□」(□□, 신속, 이양법 소개)
- 「색경」(□□□) - 「과농소초」(□□□)

의서 — 조선 전기

- 「□□□□□」(□□, 국산약재와 치료방법)
- 「□□□□」(현존 최고)   └대장도감

의서 — 조선 후기

- 「□□□□」(□□□, 허준)
- 「동의수세보원」(사상의설)

예술

문학 — 조선 전기

- 「동문선」(□□, 서거정)   └우리나라 우수 시문 정리

문학 — 조선 후기

- 한글소설(세책점에서 책 대여), 사설시조
- 위항문학(□□□ 시사 조직)

그림

- 「고사관수도」(강희안)
- 「□□□□□」(안견)
- 「초충도」(□□□□)
- 「인왕제색도」(□□□)
- 「영통골입구도」(원근법)
- 「세한도」(□□□)

음악

- 여민락·정간보(□□), 「악학궤범」(□□)
- 판소리 - 탈춤, 가면극

건축 — 사원건축

	17C	18C
	□□지주 지원	□□·상인 지원
	- □□□□ - 화엄사 각황전 - □□□□ (└현존 최고 목탑)	- 부안 개암사 - 논산 쌍개사 - 안성 석남사

□□의 사회적 지위 향상

과학기술

자기

고려(청자)	여말 선초	조선(백자)
- □□청자(고려중기) - □□청자(무신집권기)	□□□□ (원간섭기~조선초)	- 순백자(조선□□) - □□백자(조선후기) - □□□□백자(조선후기)

인쇄

고려 전기	고려 후기	조선 초기
- 목판인쇄(대량) - 대장경 (「초조」·「재조」) └□□침입 └□□침입	- 금속활자(소량) - 「직지심체요절」(□□) └□□□□ 인쇄본 └in 청주 □□□	- 계미자(□□) - 경자자·□□□(□□) └식자판 조립법

※ 금석학 - □□□, 북한산비가 □□□ 순수비임을 고증(「금석과안록」)

문화

개화기구 신식문물
- 우정국(84)
- 박문국(83)
- 전환국(83)
- 기기창(83)

- 전신(85) → 한성전보총국
- 광혜원(→제중원,85, 알렌)
- 열등(87, 경복궁)

「서유견문」 (유길준, 95)

- 전화(98), 전차(99, 서대문~청량리), 경인선(99)
  └한성전기회사(황실 합작)
- 광제원(00)
- 원구단, 명동성당, 덕수궁 중명전(01)
  └을사조약

- 경부선(05)·경의선(06)
- 대한의원(07)
- 덕수궁 석조전(10)
  └미·소공동위원회

신문
한성순보(83)
- 최초의 신문
- 순한문

한성주보(86)
- 최초 상업광고
- 최초 국한문

독립신문(96, 서재필)
- 최초 민간신문
- 한글, 영문

제국신문(98)
- 순한글
- 부녀자 대상

황성신문(98)
- 국한문 혼용
- 양반유생층 대상
- 시일야방성대곡 (장지연, 을사늑약)

찬양회(98)
└최초 여성단체

대한매일신보(04)
- 양기탁, 베델
- 고종의 친서 게재 (을사늑약 비판)
- 신채호 독사신론(08)

기타
기관지(06)
- 만세보(천도교)
- 경향신문(천주교)
해외 해조신문(연해주)

사립학교
원산학사(83)
- 최초 근대식 사립학교
- 무술교육

기독교 학교
- 배재학당(85)
- 경신학교(85)
- 이화학당(86)

국내
신민회
- 대성학교(평양)
- 오산학교(정주)

국외
북만주
- 서전서숙(06, 이상설)
- 명동학교

사립학교령(08)

공립학교
동문학(83)
- 통역관 양성소
- 묄렌도르프

육영공원(86)
- 최초 근대식 공립학교
- 외국인 교사(헐버트)

관립학교
갑오개혁
- 한성사범학교
- 한성외국어학교
- 소학교(95)

광무개혁
- 한성중학교
- 상공학교

경제

동도서기 개화 | 갑오개혁기 개화 | 광무개혁기 개화 | 애국계몽 운동기 개화

1876 강화도 조약
1882 임오 군란
1884 갑신 정변
1894 동학 농민운동 / 청일 전쟁 / 갑오 개혁
1896 아관 파천
1897 광무 개혁
1904 러일 전쟁

조[일] 수호조규 부록
조[일] 무역규칙
→ 거류지 무역 → 중개상인 이득 O

조[일] 수호조규 속약
조[청] 상민 수륙무역장정
조[일] 통상장정
→ 내지 무역 → 중개상인 이득 X

상인들의 상권수호 운동
[객주] 상회사(대동상회·장통회사)
[시전] 철시→황국중앙총상회(98)
[보부] 황국협회(98)

1차 갑오개혁
- 조세 금납화
- 은본위제

아관파천기 열강의 이권침탈
철도 부설권	부설권	개통	금강 채굴권	
[미] 경인선	1896	1899	[미]	운산
[일] 경부선	1898	1905	[영]	은산
[프] 경의선	1896	1906	[일]	직산
			[독]	당현

- 러시아(산림 채벌권)
  └압록강·울릉도

전환국 폐지(04)

[자본] 화폐정리사업(05)
- 메가타(재정 고문)
- 백동화 → 제일은행권
- 일본 차관강요
- 금본위제

[토지] 통감부 토지가옥증명규칙(06)
동양척식주식회사(08)

국채보상운동(07)
- 대구 시작(서상돈)
- 하층민 주도 → 해외 확산
- 언론사지원(대한매일신보)
- 통감부 탄압
- 양기탁 구속(횡령 혐의)
- 세계기록유산 등재

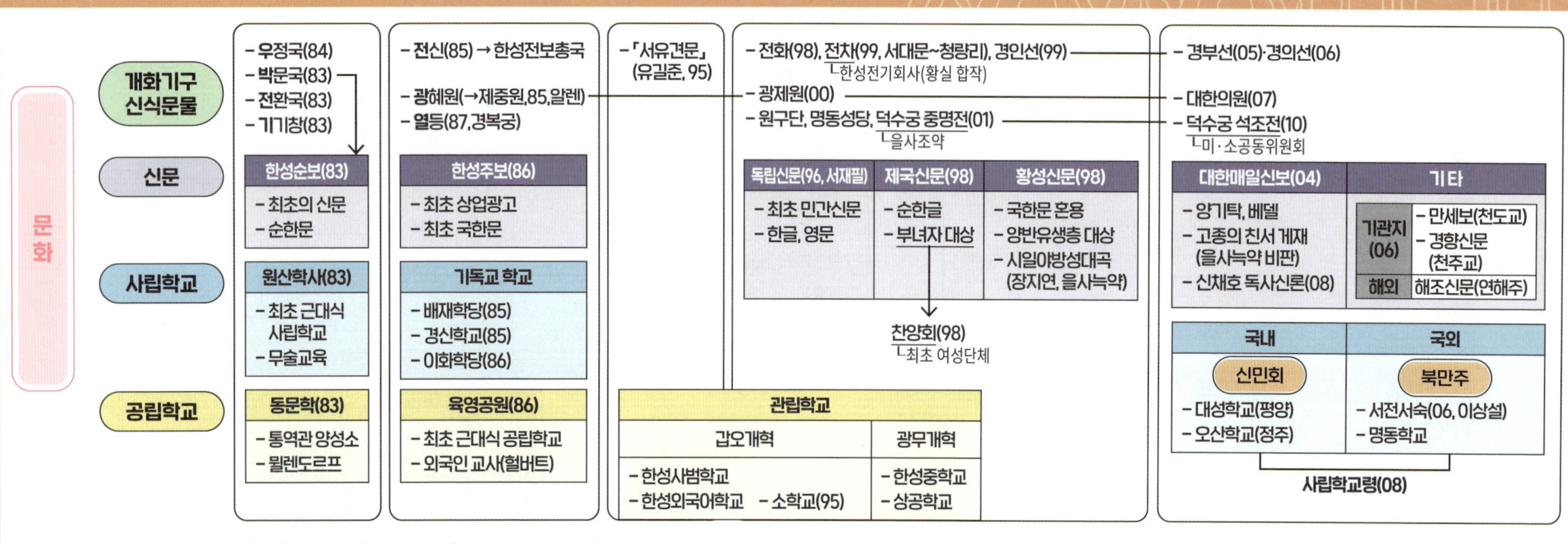

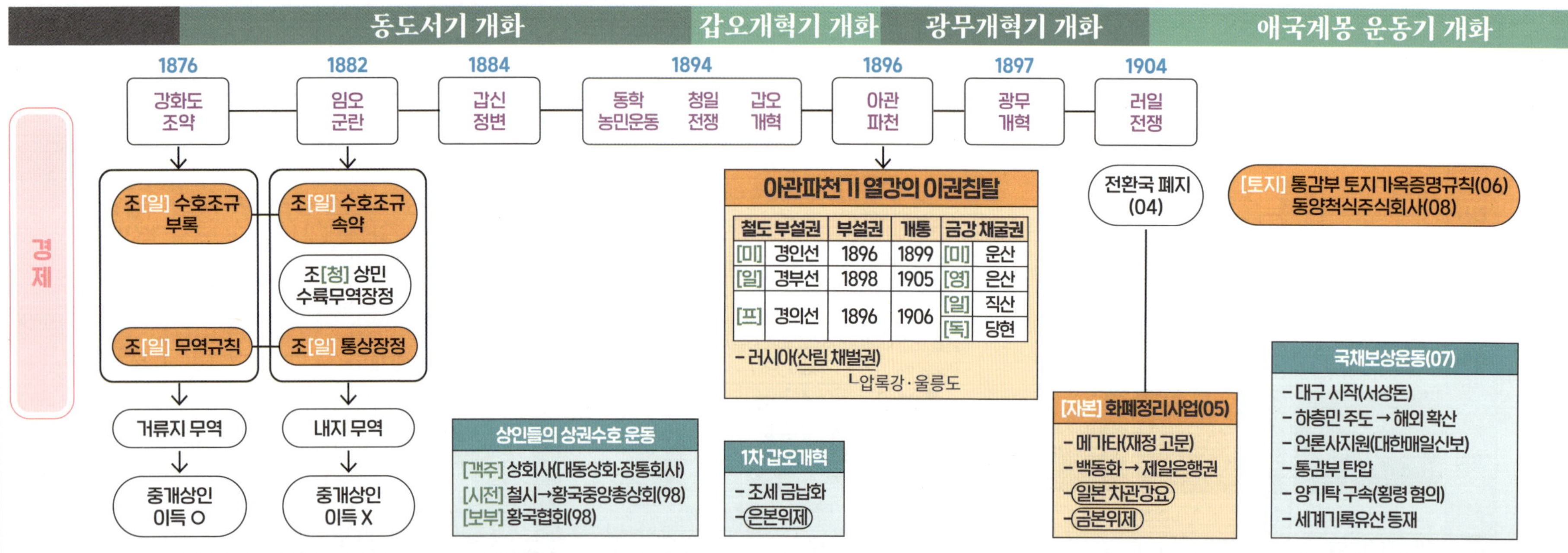

문화

개화기구·신식문물

- □□□(84)
- 박문국(83)
- □□□(83)
- 기기창(83)

- 전신(85) → □□□□ 총국
- □□□(→제중원,85, 알렌)
- □□(87, 경복궁)

「□□□□」(유길준, 95)

- □□(98), □□(99, 서대문~청량리), □□□(99) └한성전기회사(황실 합작)
- □□(00)
- 원구단, □□성당, 덕수궁 □□□(01) └을사조약

- □□□(05)·□□□(06)
- 대한의원(07)
- □□□□□□(__) └미·소공동위원회

신문

- □□□□(83)
  - 최초의 신문
  - □□□

- □□□□(86)
  - 최초 상업광고
  - 최초 □□□

독립신문(96, 서재필)

- □□□□(98)
  - 최초 □□ 신문
  - 한글, 영문
- 순한글
  - □□□ 대상

- □□□□(98)
  - 국한문 혼용
  - □□□ 대상
  - □□□□□ (장지연, 을사늑약)

□□□(98) └최초 여성단체

대한매일신보(04)
- 양기탁, □□
- □□의 친서게재 (을사늑약 비판)
- 신채호 □□□(__)

기타
| 기관지(06) | - 만세보 (□□□) |
| 해외 | - 경향신문 (천주교) / 해조신문 (□□□) |

□□학교

- □□□□(83)
  - 최초 근대식 사립학교
  - □□□ 교육

- □□□ 학교
  - 배재학당(85)
  - □□학교(85)
  - 이화학당(86)

□□학교

갑오개혁	광무개혁
- □□□□학교	- 한성□□□
- □□□□□학교 – 소학교(95)	- 상공학교

□□학교

- □□□(83)
  - 통역관 양성소
  - 뮐렌도르프

- □□□(86)
  - 최초 근대식 공립학교
  - 외국인 교사(□□□)

국내 — 신민회
- □□□학교(평양)
- 오산학교(정주)

국외 — 북만주
- □□□□(06, 이상설)
- 명동학교

사립학교령(08)

경제

□□□□ 개화 | 갑오개혁기 개화 | □□□□기 개화 | □□□□ 운동기 개화

1876	1882	1884	1894	1896	1897	1904
강화도 조약	□□	□□	동학농민운동 / 청일전쟁 / 갑오개혁	□□	□□	러일전쟁

1876

□□□□□□ → □□□ 무역 → 중개상인 이득 O

조[일] 무역규칙

1882

조[일] 수호조규 속약
- □□□□ / □□□□ 장정
- □□□□ 장정

→ □□ 무역 → 중개상인 이득 X

상인들의 상권수호 운동
- [객주] 상회사(□□□□·장통회사)
- □□철시 → □□□□ 총상회(□)
- [보부] 황국협회(98)

1차 갑오개혁
- 조세 금납화
- □□□□

1896 — 아관파천기 열강의 이권침탈

철도 부설권	부설권	개통	금강 채굴권	
[미] □□□	1896	□□	[미]	□□
[일] □□□	1898	□□	[영]	□□
[프] □□□	1896	□□	[일]	직산
			[독]	당현

- □□□(산림 채벌권) └압록강·울릉도

1904

□□□ 폐지(04)

[자본] □□□□ 사업(05)
- □□□(재정 고문)
- 백동화 → □□□□
- 일본 □□ 강요
- □□□□

[토지] □□□□□□□ 증명규칙(06)
□□□□ 주식회사(08)

□□□□ 운동(07)
- □□ 시작(서상돈)
- 하층민 주도 → 해외 확산
- 언론사지원(□□□□□□)
- □□□ 탄압
- 양기탁 구속(횡령 혐의)
- □□□□□□ 등재

26 일제강점기 문화

	문학	연극&영화	국어	역사	종교
국권피탈기	**계몽문학(신체시·신소설)** - 「해에게서 소년에게」(08, 최남선) ㄴ최초 신체시(「소년」) - 「혈의 누」(06, 이인직), 「금수회의록」 ㄴ최초 신소설(「만세보」)	원각사(08~14) ㄴ최초 극장	**국문연구소(07)** 주시경, 지석영 ㄴ「국어문법」(10) ‖ **조선광문회(10)** - 최남선·박은식 - 민족고전 정리	**계몽사학** - 위인전(신채호, 박은식) ㄴ(장군)ㄴ안중근, 연개소문 ㄴ유교구신론(대동사상) - 외국흥망사 ㄴ「월남망국사」 - 「독사신론」(08, 신채호) ㄴ대한매일신보	- 천도교(05, 손병희, 동학) - 대종교(09, 나철, 단군) - 대동교(09, 박은식)
1910년대	「무정」(17, 이광수) ㄴ최초 근대소설(「매일신보」)				원불교(16, 박중빈)
1920년대	**저항문학** - 김소월(진달래꽃) - 한용운(님의 침묵) - 이상화(빼앗긴 들에도~) ‖ - 동인지문학(낭만주의·퇴폐주의) ㄴ「백조」 ㄴ「폐허」 - 계급문학(사회주의) ㄴKAPF	- 토월회(23) - 「아리랑」(26, 나운규)	**조선어 연구회(21)** - 가갸날 제정 - [잡지] 한글	**식민사관** - 조선사편수회(25, 총독부) - 타율성, 당파성, 정체성론 신채호 / 낭가: - 「독사신론」(08, 민족주의 사항 방향 제시) - 「조선상고사」(我와 非我의 투쟁) - 「조선사연구초」(묘청의 난) 박은식 / 혼: - 「한국통사」(15) ㄴ나라는 형체, 역사는 정신 - 「한국독립운동지 혈사(20)」 정인보 / 얼: 「조선사연구」, 광개토비문 연구 문일평 / 조선심: 「대미관계 50년사」, 민중·한글	
1930년대	**일제강점기 사회** - 토막촌(도시빈민) - 노동자 주택부족 문제 → 영단주택(하층민) - 모던걸·모던보이 - 좌측통행 - 트로트 ‖ - 순수문학(「문장」) - 친일문학	- 극예술연구회(31) ㄴ유치진(「토막」) - 조선영화령(40)	**조선어학회(31)** - 우리말 큰사전 편찬시도 ㄴ57년 완간 - 한글 맞춤법 통일안 제정(33) - 조선어학회 사건(42) → 해산 ㄴ치안유지법 적용	**실증주의 사학** - 이병도, 손진태 ㄴ「조선민족사 개론」 - 진단학회·진단학보(34) ‖ **사회경제 사학** - 유물사관(정체성론 극복) - 역사발전의 보편성 지향 - 백남운(「조선사회경제사」, 33) ‖ **조선학 운동(34)** - 정인보·문일평·안재홍 - 실학연구, 「여유당전서」 간행 ※신민족주의(계급갈등 타파) ㄴ안재홍·손진태	

빈칸 채우기
(일제강점기 문화)

	문학	연극&영화	국어	역사	종교

기	**계몽문학(신체시·신소설)**
	- 「□□□□□ □□□□」(08, 최남선)
	  └최초 신체시(「□□」)
	- 「□□□」(06, 이인직), 「금수회의록」
	  └최초 신소설(「□□□」)
		□□□(08~14)
		└최초 극장
			(07) □□□□□
			□□□, 지석영
			└「□□□□」(10)
			
			(10) □□□□□
			- □□□
			· □□□
			- 민족고전 정리
				계몽사학
				- 위인전(□□□, □□□)
				  └[장군] └안중근, 연개소문
				  └□□□□□(대동사상)
				- 외국흥망사
				  └월남망국사
				- 「(□□□□□)」(08, 신채호)
				  └□□□□□
					- □□□(05, 손병희, 동학)
					- □□□(09, 나철, □□)
					- 대동교(09, □□□)

년대	「□□」(17, 이광수) └최초 근대소설(「매일신보」)				□□□(16, 박중빈)

년대	**저항문학**
	- 김소월(진달래꽃)
	- 한용운(님의 침묵)
	- 이상화(빼앗긴 들에도~)
	- 동인지문학(낭만주의·퇴폐주의)
	  └「백조」 └「폐허」
	- □□문학(사회주의)
	  └□□□□
		- 토월회(23)
		- 「□□□」
		  (□, 나운규)
			조선어 연구회(21)
			- □□□ 제정
			- [잡지] □□
				식민사관
				- □□□□□□(25, 총독부)
				- 타율성, 당파성, □□□□
				
				(식민사학자 표는 아래 참조)	

년대	**일제강점기 사회**
	- □□□(도시빈민)
	- 노동자 주택부족 문제
	  → 영단주택(□□□)
	- 모던걸·모던보이
	- 좌측통행
	- 트로트
	
	- 순수문학(「문장」)
	- 친일문학
		- 극예술연구회(31)
		  └유치진(「토막」)
		- □□□□□(40)
			□□□□□(31)
			- □□□ □□□ 편찬□□
			  └57년 완간
			- 한글 맞춤법 통일안 제정(33)
			- □□□□□ 사건(□) → 해산
			  └□□□□□ 적용
				□□□□ 사학
				- 이병도, 손진태
				  └「조선민족사 개론」
				- □□□□
				· 진단학보(34)
				
				□□□□ 사학
				- □□사관(□□□□ 극복)
				- □□□□의 □□□ 지향
				- □□□(「조선사회경제사」, 33)
				
				□□□ 운동(34)
				- □□□·□□□·안재홍
				- □□연구, 「여유당전서」 간행
				
				※신민족주의(계급갈등 타파)
				└안재홍·손진태	

식민사학자 (역사)

신채호	□□	- 「독사신론」(08, 민족주의 사항 방향 제시) - 「□□□□□□□」(我와 非我 의 투쟁) - 「□□□□□□□」(묘청의 난)
박은식	□	- 「□□□□」(15) └나라는 □□, 역사는 □□ - 「한국독립운동지 혈사(20)」
정인보	□	「조선사연구」, □□□□□ 연구
문일평	□□□	「□□□□ 50년사」, 민중·한글

라영환 공무원 한국사 시리즈

널 위한 마지막! 심폐소생

편저자	라영환
발행처	인성재단(지식오름)
발행일	2026년 1월 2일(초판)
발행인	조순자
디자인	홍현애
ISBN	979-11-7491-040-0
정가	18,000원